当代图书馆
管理研究系列丛书

网络环境下我国高校图书馆变革与发展若干问题研究

余侠 王宁 著

北京师范大学出版集团
BEIJING NORMAL UNIVERSITY PUBLISHING GROUP
安徽大学出版社

图书在版编目(CIP)数据

网络环境下我国高校图书馆变革与发展若干问题研究/余侠,王宁著. —合肥:安徽大学出版社,2013.9
(当代图书馆管理研究系列丛书)
ISBN 978-7-5664-0597-5

Ⅰ.①网… Ⅱ.①余… ②王… Ⅲ.①院校图书馆—图书馆发展—研究—中国 Ⅳ.①G259.256

中国版本图书馆 CIP 数据核字(2012)第 234047 号

网络环境下我国高校图书馆变革与发展若干问题研究　余侠 王宁 著

出版发行:	北京师范大学出版集团 安　徽　大　学　出　版　社 (安徽省合肥市肥西路3号 邮编230039) www.bnupg.com.cn www.ahupress.com.cn
印　　刷:	中国科学技术大学印刷厂
经　　销:	全国新华书店
开　　本:	152mm×228mm
印　　张:	14
字　　数:	161 千字
版　　次:	2013 年 9 月第 1 版
印　　次:	2013 年 9 月第 1 次印刷
定　　价:	22.00 元

ISBN 978-7-5664-0597-5

策划编辑:徐　建		装帧设计:孟献辉　柳梦曦	
责任编辑:徐　建		美术编辑:李　军	
责任校对:程中业		责任印制:陈　如	

版权所有　　侵权必究
反盗版、侵权举报电话:0551—65106311
外埠邮购电话:0551—65107716
本书如有印装质量问题,请与印制管理部联系调换。
印制管理部电话:0551—65106311

目　录

前　言 /1

第一章　网络环境下高校图书馆面临的挑战与对策 /1

第一节　网络环境下高校图书馆的发展特点 /2

第二节　网络环境下高校图书馆面临的挑战 /4

第三节　网络环境下高校图书馆应对挑战的措施 /8

第二章　网络环境下高校图书馆组织结构的变革 /14

第一节　高校图书馆传统组织结构的弊端 /14

第二节　高校图书馆组织结构变革的目标与原则 /17

第三节　高校图书馆组织结构变革的构想 /19

第三章　高校图书馆人力资源管理研究 /23

第一节　高校图书馆员职业生涯规划 /23

第二节 "鲶鱼效应"在高校图书馆人力资源管理中的应用 /26

第三节 双因素理论在高校图书馆人力资源管理中的应用策略研究 /30

第四章 建立机构知识库——高校图书馆拓展生存空间之路 /35

第一节 机构知识库的起源与收藏内容 /36

第二节 我国高校图书馆建设机构知识库的必要性与可行性 /37

第三节 推进我国高校图书馆机构知识库建设的策略 /40

第五章 深化学科馆员制度——打造高校图书馆核心竞争力 /45

第一节 核心竞争力及高校图书馆核心竞争力 /45

第二节 学科馆员制度尚待完善 我国高校图书馆的核心竞争力有待提升 /47

第三节 建立学科馆员的长效发展机制 提升高校图书馆的核心竞争力 /51

第六章 合作储存——高校图书馆发展的必经之路 /55

第一节 高校图书馆建设合作储存图书馆的理论依据 /55

第二节 高校图书馆建立合作储存图书馆的意义 /59

第三节 国内外高校图书馆合作储存的发展现状 /61

第四节 影响我国高校图书馆合作储存的因素 /65

第五节 推动我国高校合作储存图书馆建立的措施 /67

第七章 嵌入式服务——网络环境下高校图书馆用户服务新模式 /70

第一节 "嵌入式馆员"和"嵌入式服务"的定义及特点 /70

第二节 高校图书馆嵌入式服务的范围及主要内容 /74

第三节 高校图书馆嵌入式服务模式介绍 /85

第四节 在实施嵌入式服务过程中应注意的问题 /91

第八章 提升社会服务功能——时代的使命与高校图书馆自身发展要求 /93

第一节 美中高校社会服务的发展脉络 /93

第二节 美中高校图书馆社会服务的发展历程 /102

第三节 制约我国高校图书馆社会服务功能提升的原因 /110

第四节 美国高校图书馆社会服务动力机制研究 /112

第五节 构建我国高校图书馆社会服务的动力机制研究 /115

第九章 引入营销理念——高校图书馆可持续发展的需要 /119

第一节 图书馆营销产生的背景及图书馆营销的历史 /120

第二节 世界三大经典营销理论简介 /125

第三节 我国高校图书馆营销现状及存在的问题 /129

第四节 高校图书馆营销策略 /132

第十章 知识产权保护——高校数字图书馆建设中不可回避的问题 /137

第一节 高校数字图书馆信息资源建设中的知识产权问题 /138

第二节 高校数字图书馆信息资源建设中的知识产权保护策略 /144

第十一章 如何当好新时期高校图书馆馆长 /147

第一节 高校图书馆馆长的工作职责与素质要求 /147

第二节 高校图书馆馆长队伍现状及素质提升措施 /151

附录1　中华人民共和国高等学校图书馆试行条例(草案)(一九五六年十二月) /155

附录2　中华人民共和国高等学校图书馆工作条例(一九八一年十月) /161

附录3　普通高等学校图书馆规程(1987年7月25日,国家教委) /169

附录4　普通高等学校图书馆规程(修订)(2002年2月26日) /178

附件5　中国大学图书馆馆长论坛　图书馆合作与信息资源共享武汉宣言 /186

参考文献 /194

前　言

在网络环境下,信息的供需关系及供需条件发生了变化,信息生产及信息服务向现代化、产业化、网络化方向发展。人们的信息需求也出现多样化,信息的生产、存储、使用与消费发生了翻天覆地的变化。高校图书馆作为高校的文献信息保障中心,当然也受到了网络环境的深刻影响。传统的高校图书馆是由馆舍和藏书构成的封闭的物理空间,但是网络环境使高校图书馆打破了原有封闭的物理空间,在服务手段、服务模式、服务内容等方面都发生了巨大变化。作为高校图书馆人,我们应该清醒地认识到,现代信息技术在给高校图书馆带来飞速发展的同时,也使高校图书馆面临着更加严峻的挑战。

进入信息技术时代,高校图书馆的生存环境发生了巨大变化,高校图书馆正在逐渐失去以往的信息中心的地位,高校图书馆被边缘化的趋势日益凸显。

《周易》的"穷则变,变则通,通则久"告诉世人:只有不断变革才能发展。印度图书馆学家阮冈纳赞的"图书馆学五定律"之第五条"图书馆是一个不断生长着的有机体"也告诉我们:图书馆是随着环境的变化而不断发展变化的。面对新环境、新需求、新技术带来的挑战,高校图书馆应该与时俱进,积极研究应对的策略,确立正确的办馆思路及办馆模式,才能跟上时代和社会发展的步伐。

　　本书作者均从事高校图书馆工作20多年,经历了高校图书馆发展过程中的手工操作时代、自动化时代与网络时代。我们深感高校图书馆正在经历着前所未有的变革。面对纷繁复杂的现代网络技术环境,我们努力学习新技术、新思想、新方法,并在实际工作中加以运用,勇于开拓创新,同时积极开展科学研究,努力探索网络环境对高校图书馆工作的影响。本书的第一作者余侠,曾主持"网络信息资源的组织与服务"、"信息环境下高校图书馆采编质量控制与提升研究"、"淮南师范学院图书馆读者信息需求与馆藏结构的研究"、"高校图书馆提升社会服务功能机制研究"、"安徽省图书馆联盟"等多项科研课题,发表了《网络环境下采访工作的新特点与优化》、《网络时代编目工作的新特点及编目人员的素质要求》、《基于流通统计分析的最佳藏书结构的调整》、《图书馆参考咨询工作的新特点及发展策略》、《WTO环境下图书馆面临的挑战和对策》、《WTO环境下亟待开展图书馆员知识产权素质教育》、《Internet免费化学化工资源检索》、《根据用户反馈建立和更新数字图书馆用户兴趣模型》、《基于Web文档的目标信息预测采集控制策略》、《关于中国大学图书馆向公众开放问题的思考》、《我国高校图书馆提升社会服务功能探讨》、《我国高校图书馆提升社会服务功能利益驱动机制研究》、《图书馆联盟合作中的囚徒困境》、《中国低利用率文献合作储存图书馆研究》等20余篇论文,对网络环境下的高校图书馆工作进行了比较深入的探索与研究。本书的第二作者王宁曾主持"提升我省图书馆低碳化服务的技术、路径及措施研究"等课题,发表《云环境下数字图书馆信息资源的共建共享》、《知识链中知识共享与知识创新机理分析》、《浅析信息检索服务模式的转变》等30余篇论文,积极探讨新技术环境下的图书馆变革问题。

在书中,作者结合自己多年来的理论研究及工作实践,以"网络环境下我国高校图书馆变革与发展"为主题,对高校图书馆变革与发展的若干问题进行了深入探讨与研究,从宏观上把握高校图书馆的变革与发展的方向,提出了解决问题的对策,且具有实际的可操作性。

本书共十一章。内容如下:第一章"网络环境下高校图书馆面临的挑战与对策",主要论述网络环境下高校图书馆的发展特点、面临的挑战及应采取的措施;第二章"网络环境下高校图书馆组织结构的变革",论述高校图书馆传统组织结构的弊端、高校图书馆组织结构变革的目标与原则及变革构想;第三章"高校图书馆人力资源管理研究",论述高校图书馆员职业生涯规划的方式方法,"鲶鱼效应"、双因素理论在高校图书馆人力资源管理中的应用;第四章"建立机构知识库——高校图书馆拓展生存空间之路",论述机构知识库的起源、收藏内容与作用,我国高校图书馆建设机构知识库的必要性与可行性,以及推进我国高校图书馆机构知识库建设的措施;第五章"深化学科馆员制度——打造高校图书馆核心竞争力",论述核心竞争力及高校图书馆核心竞争力,指出我国学科馆员制度尚需完善,阐述了建立学科馆员长效发展机制以提升高校图书馆的核心竞争力等问题;第六章"合作储存——高校图书馆发展的必经之路",论述高校图书馆建设合作储存图书馆的必要性和意义,讲述国内外高校图书馆合作储存的发展现状、影响我国高校图书馆合作储存的因素,以及推动我国高校合作储存图书馆建立和发展的措施;第七章"嵌入式服务——网络环境下高校图书馆用户服务新模式",论述"嵌入式馆员"及"嵌入式服务"的定义及特点、高校图书馆嵌入式服务的主要内容及服务模式,以及嵌入式服务在实施过程中应注意的问题;第八章"提升社会服务功能——时代的使命与高校图书馆自身发展要求",论述美中高校社会服务的发展脉络、美中高校图书馆社会服务的发展历程,制约我国高校图书馆社会服务功能提升的原因、美国高校图书馆社会服务的动力机制,以及构建我国高校图书馆社会服务的动力机制;第九章"引入营销理念——高校图书馆可持续发展的需要",论述图书馆营销产生的背景及营销的历史,介绍了世界三大经典营销理论,分析并提出了我国高校图书馆营销现状、存在的问题及营销策略;第十章"知识产权保护——高校数字图书馆建设中不可回避的问题",论述高校图书馆知识产权保护的方法与技术问题;第十一章"如何当好新时期高校图书馆馆长",论述高校图书馆馆长的工作职责与素质要求,分析了我国高校图书馆馆长队伍现状,并提出了提升馆员素质的措施。

本书第七章由王宁撰写,其余内容由笔者撰写。

笔者欲借出版此书的机会与同行们交流、共勉,共同做好新时期高校图书馆工作。书中的某些观点、论据难免会有疏漏、偏颇之处,敬请学者、同行们给予批评指正。

本书的撰写参考了许多专家学者的研究成果,在此表示诚挚的谢意。

余 侠

2012.7

第一章
网络环境下高校图书馆面临的挑战与对策

高校图书馆是学校的文献信息中心,是为教学和科研服务的学术性机构,是学校信息化和社会信息化的重要基地。[1]在网络环境下,由于信息的生产、存储、使用与消费发生了巨大变化,使作为文献信息中心的高校图书馆的服务手段、服务模式、服务领域也随之发生了巨大变化。网络环境在给高校图书馆带来飞速发展的同时,也使其面临更加严峻的挑战。

2010年6月2日《解放日报》刊登的《高校图书馆"沦为"自修室》一文指出,光顾图书馆的学生不足三成,其中高达71%的人到那里是自习;借阅图书的同学只占6.29%,并且多数只借教辅资料。[2] Ithaka研究所在《图书馆调查2010》报告中提出,图书馆的信息门户作用被逐步弱化,高校教职工仅把图书馆作为信息资源的保存机构和信息资源的采购中介。图书馆对研究与教学的深度支持能力遭到质疑,许多高校重新审视自己图书

---

[1] 唐野琛.论高校图书馆人力资源管理.情报探索,2007(6):101~102.

[2] 彭德倩.高校图书馆"沦为"自修室.解放日报,2010,6,2(7).

馆的价值。[1] 随着网络平台的不断完善,师生获取信息资源的渠道变得多样、便捷,高校图书馆如果仍固守传统服务方式,不积极进行服务创新,将会越来越被边缘化,被关闭的命运指日可待。正如上海图书馆馆长吴建中在2002年出版的《战略思考:图书馆发展十大热门话题》一书中预测的那样:"如果认为图书馆没有必要去关注对互联网资源进行组织和整序的话,或者如果认为图书馆没有必要在互联网上占有一席之地的话,可以说,靠着千百年来积累的经验和知识,图书馆这一专业似乎还可以维持一段时间,但是我们已经可以看到尽头了。"[2]

阮冈纳赞的"图书馆是一个不断生长着的有机体"告诉我们,高校图书馆要随着环境的变化而变化,与时俱进。面对新技术环境带来的严峻挑战,高校图书馆一定要有危机意识、前瞻意识,要勇于变革、创新,积极探索变革与发展之路。只有这样,才能真正摆脱被边缘化的命运,跟上时代前进的步伐,创造更美好的明天。

第一节 网络环境下高校图书馆的发展特点

一、馆藏载体多元化,馆藏资源网络化、虚拟化

传统的高校图书馆,其馆藏资源载体比较单一,主要是以印

---

[1] 张晓林.颠覆数字图书馆的大趋势.中国图书馆学报.2011(05):4~12.

[2] 吴建中.战略思考:图书馆发展十大热门话题.上海:科技文献出版社,2002.

刷型文献为主，所以，过去的馆藏建设一般称为"藏书建设"。但在当今网络时代，信息存储技术飞速发展，新信息存储载体不断涌现，如磁性介质的磁带、软盘，光学介质的光盘等，纸张上的文字变成了计算机能够识别的电磁信号，从而彻底改变了多年来馆藏载体单一的状况，由印刷型向声像型、电子型等多种载体并存的多元化方向发展。

网络环境下，各高校图书馆能够通过网络将本地区、全国乃至全世界的信息资源与本馆收藏的各种载体的信息资源连接起来，形成"虚拟"馆藏；馆藏建设从建立一个有限的物理实体转变到对无限的网络信息资源利用的把握上来，那种"大而全"、"小而全"的，以收藏为主的馆藏建设模式，被以检索为主的现代信息服务系统建设模式所取代。

二、读者利用图书馆的方式网络化、虚拟化

随着高校图书馆网上文献资源种类（如电子图书、中外文期刊数据库、网络报告厅等）的不断增加，内容不断丰富，网络视频技术、VPN技术、文献传递技术的进一步改进、完善，读者通过网络能够更加方便、快捷地获取文献资源。只要有网络，用户就可以不受图书馆开馆时间的限制，无需图书馆员的协助，就可通过与图书馆连接的网络而快速获取自己所需的信息。除非读者需要借或还纸质文献资源，否则就可不必到图书馆，便能享受到高校图书馆的文献信息资源服务。读者利用图书馆的方式向网络化、虚拟化方向发展，读者能够随时随地获取信息。读者和图书馆员之间的交流与服务方式发生了变化，图书馆员从传统的文献资源的守门人（gatekeeper）转变为信息资源的管理者（manager）和媒介的传播者（communicator）。

三、文献信息资源建设与服务特色化

高校图书馆要想在信息市场中占据一席之地,就必须要走特色化的发展道路,即使自己的文献信息建设与服务有特色。所谓文献信息建设与服务特色化是指一馆在文献资源建设与服务方面有区别于其他馆的地方,具有与众不同的独特的专业化的文献信息资源和为用户获取个性化信息资源提供的特色服务。只有在资源建设与服务方面形成特色,树立品牌,才能对读者有吸引力,在激烈的发展竞争中处于优势地位。

第二节 网络环境下高校图书馆面临的挑战

一、工作人员服务意识不强,图书馆服务层次不高

高校图书馆是非营利性的机构,主要任务是为本校的教学和科研提供服务。但由于受现行机制的影响,工作人员缺乏危机感、紧迫感与竞争意识,进取心不强,安于现状,且服务意识差,缺乏主动服务精神。服务模式仍然是被动式、低层次的文献服务。在对馆藏文献资源进行深层次的开发、在线咨询等方面做得还很不够。

二、人员配置跟不上信息时代的要求

图书馆、师资队伍、实验室被称为高校办学的三大支柱,其发展在一定程度上代表着学校的教学和科研水平。但现实情况是:一些高校对图书馆的作用及地位的重要性认识不足。近年

来因高校办学水平评估的需要,图书馆的经费虽然基本得到了保证,但其作为教辅部门仍然得不到学校的足够重视:图书馆在学校中的地位既不如院系、也不如机关、科研与实验部门,图书馆职工待遇比教学、科研、实验人员低,在职称评定、评级评优、科研项目申报等方面常遭到不公正的待遇。图书馆中一些高学历、高职称的人才经常跳槽到其他部门或其他单位,造成图书馆的人才大量流失。

目前,大多数高校图书馆工作人员的学历结构可分为以下几种情况:一是毕业于正规大学图书情报专业的人员;二是毕业于正规大学非图书情报专业的人员;三是通过成人教育途径获得文凭的人员;四是引进人才的家属及临时用工。近年来随着国家对进入高校人员的学历准入门槛的提高(至少是硕士),高校图书馆人员的学历层次有所提高。但把图书情报专业的本科毕业生也拒之门外,就有些与图书馆的现实不相符了。一是因为图书情报专业毕业的硕士生、博士生数量有限,二是因为高校图书馆是为教学和科研提供服务的机构,工作人员没必要都具有高学历。还有一些非图书情报专业的人员将图书馆作为进入高校工作的跳板,一旦进入高校图书馆工作,很快就想方设法调离图书馆。各院系引进的人才,其配偶大多被安排在图书馆,而不管图书馆是否需要。目前,高校图书馆缺乏既具有图书情报专业知识又掌握其他学科专业知识的复合型人才,而这些复合型人才恰恰是图书馆开展深层次服务所需要的。

三、高校图书馆读者流失严重

在当前网络环境下,高校图书馆作为信息中介的地位受到了极大的削弱。网上书店、信息服务机构等迅速发展,加上开放存取运动的兴起并不断深入发展,使学术信息资源生产和交流形式发生了变化,高校的读者获取信息的渠道增多,获取信息更加方便与快捷,因而使得高校读者对高校图书馆的依赖程度大大降低,高校图书馆现在已不再是很多高校读者获取信息知识的首要来源。如今搜索引擎(如 google、baidu、google scholar 等)成为人们搜集、获取信息的主要方式,特别是对玩着电脑成长起来的年轻一代来讲,更是如此。高校图书馆的读者流失严重。

四、信息资源共建共享的广度及深度不够

各高校图书馆不可能也不必要购买所有品种的文献资源。因此,共建共享的思想已得到各高校图书馆的广泛认同。目前,共建共享工作在我国高校图书馆界正方兴未艾。已有的全国性的图书馆共建共享联盟主要有:国家科技图书文献中心(National Science and Technology Library,简称 NSTL)、中国科学院国家科学数字图书馆(Chinese National Science Digital Library,简称 CSDL)、中国高等教育文献保障系统(China Academic Library & Information System,简称 CALIS)、中国高等学校数字图书馆联盟(China Academic Digital Library Alliance,简称 CADLA)等。区域性的图书馆共建共享联盟主要有:江苏省高等教育文献保障系统(JALIS)、河南高等教育文献保障系统(HALIS)、广东省高等教育文献保障体系(GALIS)、安徽省高等学校文献信息保障体系(ALISA)等。但还存在一些问题,如在资源的采购上,各馆往往从本馆、本校的需求出发进行采购,使"趋同"现象严重,大量的资源被重复购买与建设,造成人力、物力、财力的浪费。

五、馆藏信息资源增长迅速与馆藏空间有限的矛盾日益突出

纸本文献资源不断增长和馆舍空间有限的矛盾一直是高校图书馆发展过程中存在的问题。[1] 据统计,在1949年至1991年的42年间,我国高校图书馆馆藏增长超过30倍。[2] 2004年,教育部开始进行本科教学水平评估,各高校图书馆为了达到评估要求,突击采购了大量的图书文献,使馆藏数量剧增。教育部高等学校图书情报工作指导委员会于2009年出版的《建国60周年高校图书馆发展图册》显示,大多数普通本科高校图书馆的纸质馆藏超过100万册。教育部高等学校图书情报工作指导委员会于2011年发布的《2010年高校图书馆发展报告》显示,虽然各高校图书馆电子资源采购经费持续大幅增加,但是高校图书馆纸质文献资源的采购经费平均约是电子资源采购经费的1.7倍,504所高校图书馆的纸质文献资源的采购经费平均每年达259万元。这说明纸质文献仍是高校图书馆资源建设的重点。[3] 高校图书馆解决馆藏空间不足问题的传统方法是图书剔旧与扩建新馆。但是国内外实践证明,图书剔旧不利于文献资源的长期保存与利用,不断扩建书库的方法也不能从根本上解决空间不足与文献剧增之间的矛盾问题。这两种解决方法

---

〔1〕 余侠.中国低利用率文献资源合作储存图书馆研究.农业图书情报学刊,2012(8):5~8.

〔2〕 赵晓晔.北京高校图书馆纸质图书"统一仓储"研究.图书情报工作,2009(S1):193~194.

〔3〕 教育部高等学校图书情报工作指导委员会:2010年高校图书馆发展报告[EB/OL].[2011—12—20] http://librarian.notefirst.com/libraryopen/12984/default.aspx

现已跟不上时代发展的步伐了。[1] 因此,需要探讨从根本上解决这一矛盾的方法。

六、高校图书馆对知识产权保护的意识不强

由于人们知识产权保护意识的觉醒、维权意识的增强,使知识产权纠纷案件频频发生。高校图书馆在信息资源的搜集、加工、储存、开发与传播的过程中,特别是在数字图书馆建设中不可避免地引发了许多知识产权问题,侵权与被侵权案件不断发生。这对高校图书馆知识产权保护提出了更高的要求。但是,我国高校图书馆界的知识产权保护意识普遍不强,这又增加了高校图书馆侵权与被侵权的风险。

第三节 网络环境下高校图书馆应对挑战的措施

在网络环境下,如何利用现代先进的信息技术和自身丰富的文献信息资源来提高高校图书馆文献信息资源服务的质量,满足校内外读者的文献信息需求,成为高校图书馆必须面对而又亟待解决的问题。下面就高校图书馆如何应对挑战提出一些建议。

一、高校图书馆要构建新型的人才队伍

在网络环境下,高校图书馆要把传统服务模式转变为现代服务模式,就必须要构建一支与之相适应的图书馆专业人才队

---

[1] 余侠.中国低利用率文献资源合作储存图书馆研究.农业图书情报学刊,2012(8):5~8.

伍。而要建立新型的人才队伍,就要做好以下两方面的工作。

(一)引入竞争激励机制,充分调动工作人员的积极性、主动性和创造性

高校图书馆要想改变工作人员进取心不强、缺乏敬业精神和主动服务意识差的现状,就必须要引入竞争机制。通过公平竞争、定期考核等方式,把工作人员的实际业绩与工资、奖金挂钩,真正做到责、权、利的统一;充分调动工作人员的积极性、主动性和创造性,促使他们在竞争中创造性地完成各项工作任务。

(二)建立图书馆员职业准入制度,推动高校图书馆事业的发展

图书馆员的职业准入制度,又称为"职业资格认证",是图书馆行业对图书馆工作者的一种准入控制,也是对个人从事图书馆工作的资格的一种认定方式。严格的职业资格认证制度能够确保图书馆专业人员的业务素质与图书馆的服务水平,推动图书馆事业的发展。在英国、美国、日本、韩国等国家,图书馆员的职业资格认证制度已经非常完善。在我国,经过专家、学者的强烈呼吁,图书馆职业资格认证制度体系即将出台。相信有了职业准入制度,我国高校图书馆就不会成为老、弱、病、残人员的"避难所"和引进人才的家属的"安置所",其人员的素质会得到提高;高校图书馆将能发挥更大的作用,其地位也会得到极大提升。当然,这会有个过程,相信经过图书馆人、国家与社会的共同努力,一定会实现的。

二、高校图书馆要完善文献信息资源保障体系

俗话说"巧妇难为无米之炊"。拥有完善的文献信息资源保障体系是高校图书馆做好服务的前提。构建完善的文献信息资

源保障体系,要做好以下几个方面工作:

(一)牢固树立共建共享思想,把现实馆藏与虚拟馆藏有机地结合起来

随着高校学生人数的不断增加、学科专业的不断分化,高校向多学科型、综合型院校发展,这就使高校图书馆依靠本馆的有限资源已无法满足读者对信息资源的无限需求。高校图书馆必须牢固树立共建共享的大图书馆理念。在文献资源建设上,要合理规划、统筹安排,避免低水平重复建设。目前,虽然在数字图书馆建设、外文期刊购买及数字信息加工等方面开展了共建共享工作,且有显著的成效,但是在资源建设上还存在浪费现象,如在中文纸质及电子文献的购买上,各馆还是各自为政,随意性强,缺乏统筹规划。高校图书馆应该在纸质与电子、中文与外文的资源的共建共享上,考虑周全,尽量节省人力、物力及财力。高校图书馆在收藏纸质文献及实现馆藏资源数字化的同时,要做好网上免费资源的联合存储工作,把现实馆藏与虚拟馆藏有机地结合起来,使读者能够获取更为全面和系统的信息资源。

要创新低利用率文献利用的储存与共享方式。高校图书馆纸质图书的实际利用率一般仅为30%,而数量庞大的低利用率文献长期占用着高校图书馆的空间。国内外大量理论研究与实践证明,建立低利用率文献资源的合作储存制度,能够从根本上解决高校图书馆空间紧张与文献剧增之间的矛盾。通过集中存放、统一管理、协同服务,实现多馆资源的合作保存与共享,从而降低各高校图书馆的文献资源的储存成本,提升各高校图书馆的文献资源保障能力。要将各高校图书馆的高利用率文献精选出来,以便被更充分地利用;低利用率的文献以剔旧的形式撤出

馆藏书架,放到储存库以备利用,从而形成一个数量合理的动态馆藏,实现高校图书馆科学、合理的文献资源布局。合作储存是对低利用率文献利用的储存与共享模式的创新,改变了高校图书馆过去以馆藏及其管理为主的服务模式。[1]

(二)构建本馆的特色资源库,提升高校图书馆的核心竞争力

特色资源库的关键在于"特色",能否发掘特色、定位特色、凝聚特色、完善特色是资源库建设成败的关键和前提。[2] 高校图书馆在文献资源建设上一定要注重建立、保持和发展本馆的特色,越有特色的文献信息资源,就越有生命力和竞争力。主要从地域特色和专业特色两方面做好特色馆藏的建设,本着"人无我有、人有我新、人缺我全、人全我优"的原则,搜集、整合好本馆特色资源。在建设特色资源库系统时,要遵循有关数字化加工、资源描述、资源组织、资源互操作和资源服务等方面的标准和规范,[3] 从而为资源的共享打下基础。搞好特色资源库的建设,是高校图书馆生存与发展的资本与立足点,是提供个性化服务的前提与保证,是提升高校图书馆的核心竞争力的重要途径。

三、利用网络做好文献信息宣传推介与文献咨询服务工作

"酒香也怕巷子深"。高校图书馆一定要做好文献信息资源的宣传推介工作。图书馆员要利用自己的专业知识与技能,从

---

[1] 余侠. 中国低利用率文献资源合作储存图书馆研究. 农业图书情报学刊,2012(8):5~8.

[2] 俞长保. 高校地域文化资源专题特色数据库建设探讨——以"中国汉代画像石、砖特色数据库"为例. 图书馆学研究,2006(12):25~29.

[3] 曹铁娃. 高校地域文化资源专题特色数据库建设探讨. 图书馆工作与研究,2009,(5):69~73.

海量的信息中通过筛选、提炼、评价,把最重要的、最新的信息推荐给读者,使读者能够快速获取有用的信息,从而节省读者宝贵的时间。现在各馆通行的做法是:对于纸质文献,主要是利用图书馆网站定期发布新书通报与新书推荐两种形式进行宣传,在书库,则利用新书架进行新书的宣传。对于电子资源,主要是采取网络导航及资源讲座(其课件被挂到网上)等方式进行宣传推介,如北京大学的"一小时资源"讲座等。

高校图书馆传统的参考咨询服务主要是采用面对面或是电话咨询的方式,服务对象主要是本单位、本地区的读者。而在网络环境下,数字参考咨询服务已成为高校图书馆服务工作的重要方式,它突破了时空的限制,使服务对象更广。数字参考咨询主要有异步数字参考咨询和实时数字参考咨询两种方式。异步数字参考咨询服务主要是通过 Email、FAQ、BBS 等方式来实现的,读者的提问和咨询馆员的回答是非即时性的;实时数字参考咨询服务主要是指读者通过 QQ、网络对话、视频会议等方式与咨询馆员进行在线的直接交流的服务方式,信息传递是即时性的。因此,在区域范围内乃至全国范围内建立高校图书馆合作数字参考咨询机制,整合各馆在文献资源、软硬件设施、人才方面的优势,在服务上互通有无、取长补短,共同作好网络环境下的参考咨询工作,是增强高校图书馆服务能力的重要方式,也是网络环境下满足读者需要的客观要求。

四、加大知识产权保护力度

高校图书馆作为搜集知识、传播知识的机构,一定要注重对知识产权的保护。我国 50 余所高校图书馆馆长于 2005 年 7 月 8 日在武汉大学信息管理学院举行的"中国大学图书馆馆长论坛"上,签署了《中国大学图书馆合作与资源共享武汉宣言》,重申知识产权保护的重要性,呼吁知识产权拥有者和知识产品使用者加强合作,构建知识产权人利益与公共利益相平衡的有效机制。高校图书馆工作人员应不断加强对知识产权方面的法律、法规知识的学习,切实提高知识产权保护意识,避免在工作中发生侵犯知识产权的行为;尊重他人的知识产权,加大知识产权保护力度;同时在法律许可、合理使用的前提下,尽可能为读者提供更完善的服务。高校图书馆还要注重对自主研发产品的知识产权的保护,防止被侵权。只有在充分尊重知识产权的前提下,高校图书馆才能健康有序地发展。

第二章
网络环境下高校图书馆
组织结构的变革

在网络环境下,高校图书馆传统的以纸质图书期刊借阅为主的服务方式转变成以数字资源为主的服务方式,传统的以图书馆物理空间为服务环境的服务方式转变为泛在环境下虚拟图书馆的无限空间服务方式,传统的为到馆读者提供服务转变成为网络读者提供服务。并且,随着网络信息资源和网上信息服务的发展,高校图书馆面临着功能强大的搜索引擎、专业网站与各种咨询机构等信息服务业的竞争与挑战,已不再是教师和学生获取文献信息资源的唯一场所,高校图书馆的生存和发展受到严峻挑战。高校图书馆的内外部环境发生了翻天覆地的变化,其现行的管理体制、组织机构和文化氛围已经不能适应网络信息环境的发展需求。因此,为了谋求长久的生存和发展,高校图书馆必须积极研究新环境下读者利用图书馆的方式,变革传统高校图书馆的组织结构,推进高校图书馆管理与服务方式的改革,以适应新形势发展的需要。

第一节 高校图书馆传统组织结构的弊端

组织结构(Organizational Structure)是指一个组织内的全

体人员为实现共同目标,在工作中分工与协作方式等的总和,是一个组织的总体构架。美国著名组织行为学家查德勒(Chandler,C)曾说:"除非结构跟随战略走,否则毫无效果。"[1]高校图书馆的组织结构是高校图书馆为实现总体发展目标而设立不同部门,并规定其相互关系所形成的分工协作体系,是高校图书馆的总体构架。

我国高校图书馆传统的组织结构是以部门职能化和业务流程部门化作为基本原则而构成的职能型组织结构,它将高校图书馆人员分为高级管理层(即馆长)、中间管理层(即部主任)和执行层(即一般工作人员)三个层级,通过分工将图书馆分成采访部、编目部、典藏部、流通部、阅览部、参考咨询部、技术服务部等。长期以来,高校图书馆维持一种自上而下的,以馆长、部主任和一般工作人员为三个主要层级的组织结构。在收藏载体比较单一的传统图书馆时期,这种组织结构能够使高校图书馆内保持统一领导、信息沟通渠道单向顺畅、各职能部门分工合作,保障了高校图书馆工作的正常运转。但随着网络技术的快速发展,文献信息资源的存储与获取方式发生了巨大变化,读者对文献信息资源的需求向专业化、个性化方向发展,致使高校图书馆传统的职能部门已不能满足读者对信息资源的需求。

一、管理层次多,对外部环境适应能力差

高校图书馆职能型组织结构是一种传统的"金字塔式"的管理结构,这种一层一层严格的管理体制使信息反馈渠道不畅通、信息传递速度慢,易发生信息失真现象,且使决策失误的可能性

---

[1] 张永军.网络信息时代高校图书馆组织结构变革探究.情报杂志,2006(10):137~139.

增大,导致高校图书馆对外部环境的应变能力下降,跟不上现代信息社会发展的步伐。

二、管理幅度小,不利于图书馆整体的改革创新

管理层管理的幅度小。如业务流程分段管理,图书、期刊、电子资源的采访及编目、阅览、流通部门各自为政,工作人员长期从事简单、重复的业务工作,使各种载体文献信息的建设和服务被人为地割裂开来,不利于图书馆为读者提供高质量的、专深的、个性化的服务。并且,由于部门之间缺少合作沟通,容易产生本位主义思想,各部门只关注自己的职责,往往为了本部门的利益而不顾整体利益,缺乏大局观念与全局意识。这些都是网络环境下高校图书馆发展的障碍,不利于图书馆工作的改革创新。

三、集权管理,使工作人员缺乏积极性与主动性

由于高校图书馆管理结构的"层级制",使管理权高度集中,工作人员对工作范围内出现的问题缺少话语权、参与权,因而不能充分发挥工作人员的积极性和主动性。

四、工作岗位是固定的,工作人员工作效率不高

高校图书馆部门之间的联系是以文献为媒介的,各部门工作岗位上的人数是固定的,其工作效率取决于文献量的多少,而不是取决于人的主观能动性,因而容易造成工作人员工作效率低。

五、立足管理文献的便利性,用户的便利性未被置于首要位置

传统的高校图书馆的主要业务是围绕着文献开展的,由此

产生的组织结构更关注的是管理文献的便利性,未将读者的信息需求放在首要位置。且在管理中缺乏与用户的即时沟通,不能根据用户的需求及时调整信息资源的配置与运行模式。这种业务流程体系的本末倒置,严重影响了高校图书馆信息服务的质量。

第二节 高校图书馆组织结构变革的目标与原则

一、高校图书馆组织结构变革的目标

高校图书馆要根据内部条件和外部环境的变化,把原来一些功能相同或者相似的部门加以合并,撤销一些不再需要的部门,并增加一些新部门,以适应新环境,从而把高校图书馆传统的组织结构变革为新型的组织结构。高校图书馆组织结构变革的目标:一是充分体现读者第一的思想。彻底改变把工作人员管理的便利性放在首位的现状,要把读者的便利性放在首位,按照读者的需求组织文献资源,为读者提供更专业更具有针对性的文献信息服务。二是充分调动馆员的积极性。变革后的高校图书馆组织结构要能起到调动馆员的积极性、充分挖掘馆员潜能,使馆员能各尽所能,从而为读者提供高质量的文献信息服务的作用。

二、高校图书馆组织结构变革的方向

(一)由金字塔结构变为扁平结构

传统高校图书馆的组织结构多为金字塔型结构,在这种组

织结构下,各部门之间缺乏横向联系,信息的传递和交流容易时滞与失真,难以适应现代图书馆的发展要求。而扁平式组织结构则能使中间层减少,使管理幅度增大,减少了信息传递的环节,有利于信息的传递与沟通,增强上下级之间的直接联系;指令的传递及信息反馈快速、准确,从而减少了行动与决策间的时滞,增强了组织对环境变化的感应能力及反应能力;每个员工直接参与决策,拥有话语权,具有主人翁意识,因而员工的潜能和创造力就能得到充分发挥。

(二)由刚性结构变为弹性结构

传统高校图书馆的组织结构多为刚性结构,各部门的人员比较固定,人员之间没有流动,组织僵化。弹性结构可以使组织在不增加部门与人员编制的前提下,为了完成某一具体任务而把不同部门、具有不同知识技能的人集中于一个动态的工作组中,使组织结构相对稳定与管理任务多变的矛盾得以有效解决,从而使一些跨部门的、临时性的工作得以顺利完成。馆员既与其所在部门保持组织与业务上的联系,同时又参加工作组的工作,这样的组织结构能够加强各部门之间的沟通与协作,有利于及时解决问题。弹性结构还能针对每个馆员的特长,使其参与不同的工作组,从而激发其工作热情,增强其责任感和荣誉感。

(三)由集权结构变为分权结构

集权结构拥有多级管理层,顶部管理层(馆长)拥有最大决策权,但其管理幅度窄,并且,因决策需要,集权职能的所有层级须逐级向上汇报,会导致决策时间过长。分权结构的管理层较少,且将决策权分配至普通员工,使管理幅度较宽,从而形成一种扁平结构。

(四)由粗放型管理变为专业集约化管理

要通过优化组织结构模式来缩短图书馆员、读者、信息资源三者间的距离,使读者能够同时获取多类型的信息资源。图书馆员不仅是文献信息管理员,还是学科信息导航员与学科前沿知识的提供者。以"最便利读者利用信息,提供的信息服务更让读者满意"为指导思想,使高校图书馆从对文献信息资源的粗放型管理转变为对信息知识的专业的集约化管理。这是组织结构变革的立足点与最终目标。

(五)由面向资源的信息服务转为面向用户的信息服务

高校图书馆的信息服务要把"以用户为本"作为服务的核心原则,要创新图书馆信息服务模式,改变传统的信息服务单一、僵化的模式。只要以用户的需求作为一切行动的依据,由面向资源的信息服务转为面向用户的信息服务,为用户提供个性化信息服务,就一定会改变高校图书馆的服务现状,找到新的发展路径。

第三节 高校图书馆组织结构变革的构想

高校图书馆要适应网络环境的要求,就必须打破传统的金字塔式的组织结构,按照高校图书馆组织结构变革的目标与方向(上一节已论述)构建新的组织结构。下图是笔者对高校图书馆矩阵组织结构的构想(见"图1"),是在对高校图书馆原有职能部门进行合并、增删的基础上,引入矩阵结构设计出来的。

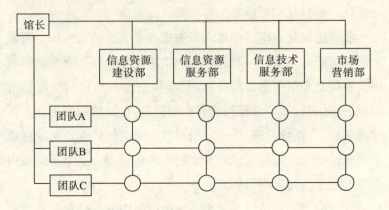

图1 高校图书馆矩阵组织结构

一、整合信息资源建设部

在传统高校图书馆中,图书、报刊、电子资源、网络资源分属于不同的部门,各部门由于缺乏必要的沟通,易使资源建设重复,不利于各类信息资源的协调发展,且业务流程重复,工作效率低下。若把图书、报刊、电子资源、网络资源的建设整合到信息资源建设部,就有利于高校图书馆对各类资源的调控,便于实现各种载体资源的互补,使高校图书馆更好地做好信息资源的建设工作。

二、组建信息资源服务部

传统高校图书馆的流通部、阅览部,其主要职能是负责图书、报刊的外借与阅览服务。在网络环境下,为了便于读者利用信息资源,可以把流通部、阅览部、期刊部、参考咨询部等部门的功能汇集到读者服务部,由读者服务部负责提供信息资源(包括纸质和数字化资源)服务,这就使图书馆在服务理念、服务时间、服务空间上发生了巨大变化,图书馆员由原来的书库借还者或阅览室的管理者或参考咨询工作者,转变为全能型图书馆员,同时完成借还、阅览、信息检索、参考咨询等工作。把流通部、阅览部、期刊部、参考咨询部等部门合并重组为信息资源服务部,这样就能减少管理层次与中间环节,实现读者学习、借阅的一站式服务,充分体现"读者第一"的服务宗旨。

三、完善信息技术保障部

信息技术保障部的主要职责是为高校图书馆提供基础环境、技术保障、技术支持、技术咨询与维护服务,主要工作是负责本校图书馆信息环境的规划、建设及管理,对图书馆自动化集成系统及其他应用系统的管理、维护、规划、购置、安装和维护;对图书馆业务相关软件平台的调研、论证,引进及应用,图书馆门户网站的规划、设计、制作、维护;提供馆内设备、系统使用问题的咨询等。[1]

四、创立市场营销部

在当今网络环境下,高校图书馆为教学与科研提供信息资源的服务,已越来越不能满足师生的需求。能否满足用户需求,是关系图书馆生存与发展的大问题,这一点已引起图书馆界的广泛关注。虽然高校图书馆在资源建设及资源服务上确实作了一些工作,如在信息资源建设上,除了传统的印刷资源,还购买或者自建了许多电子资源;在服务上也能充分利用网络信息技术,提供在线参考咨询等服务。但实际上,高校图书馆的资源利用率不高,许多数据库、特别是外文数据库的使用率低,很多用

---

〔1〕北京大学图书馆部门主要职责[EB/OL]. http://www.lib.pku.edu.cn/portal/portal/media—type/html/group/pkuguest/page/xitongbu.psml).

户甚至根本不知道馆里有这样的资源。高校图书馆必须采用多种市场营销方法积极宣传、推销自己的服务，如创建品牌，提供具有自己特色的服务内容；有效利用社会化媒介及移动媒介开展个性化、层次化的营销；积极主动研究竞争对手，把竞争对手转化成合作伙伴，开展合作营销。有效的营销加上卓越的服务是高校图书馆未来发展的关键所在。[1]

五、组建各类团队

所谓团队就是由两个或两个以上的人员组成的一个服务共同体。通常团队主要由图书馆各部门的专业人员组成，目的是解决特定问题、完成特定任务，在解决问题、完成任务后，团队即解散。这种模式使高校图书馆能够根据内外部环境的变化迅速做出反应，从而提高图书馆的工作效率。另外，一个人可以同时为多个团队服务，这也有利于培养工作人员的团结合作精神，充分发挥高校图书馆的整体优势。

总之，高校图书馆组织结构的变革，是高校与社会发展的要求，也是高校图书馆自身可持续发展的需要。在当今复杂的经济环境与信息环境下，高校图书馆要生存和发展，就必须构建充满活力的组织结构，提高组织效能，从而提升高校图书馆的整体服务水平。

---

[1] 张晓林.超越图书馆:寻求变革方向——第77届国际图联大会观感.图书情报工作,2011(11):5~10.

第三章
高校图书馆人力资源管理研究

随着计算机技术、网络技术的普及与应用,数字图书馆迅速发展,高校图书馆的各项工作也发生了翻天覆地的变化。如服务由过去被动、单一的模式转向主动、多元的模式;从传统的"以书为本"转为"以人为本"的管理模式。世界图书馆学之父阮冈纳赞曾说:"图书馆事业成败的关键在于图书馆工作者。"图书馆员是高校图书馆中最活跃、最具能动作用的因素,因此,积极探索高校图书馆人力资源管理的规律,对提高高校图书馆服务质量与服务水平有着重要意义。

第一节 高校图书馆员职业生涯规划

一、职业生涯规划的概念及意义

职业生涯规划(Career Planning)是近年来在欧美发达国家兴起并得到广泛应用的一种新的人力资源管理技术。职业生涯规划是"以人为本"管理理念的具体体现,有利于充分发挥个人的潜能,最终实现组织机构与员工个人的共同发展。

(一)职业生涯的概念及其分类

1. 职业生涯的概念

所谓职业生涯,是指一个人一生中所有和职业相联系的行为及活动的总和,简言之,就是一个人的职业经历。它包括一个人一生中职业与职位的变迁,以及价值与理想的实现过程。这是一个动态的过程,每个工作着的人都有其职业生涯。

2. 职业生涯的分类

职业生涯有外职业生涯和内职业生涯之分。外职业生涯是指一个人的工作单位与工作地点、工作环境与工作内容、职务与职称、工资与福利等因素的组合及变化过程;内职业生涯是指从事某职业时应该具有的知识、观念、能力、经验、内心感受、身体健康等因素的组合及变化过程。内职业生涯的发展带动外职业生涯的发展,内职业生涯是外职业生涯发展的前提与保证。[1]

(二)职业生涯规划的概念及其特征

1. 职业生涯规划的概念

对员工个人来说,职业生涯规划就是员工结合自己的主观因素及客观环境因素,确立自己的职业目标,并为实现自己的职业目标而制定的相应行动方案(包括工作、培训与教育计划)。简言之,职业生涯规划就是员工确定职业目标,并为实现这些目标而制定出计划的过程。对组织来说,职业生涯规划是把员工的全面发展作为出发点,根据员工的实际状况与组织需要,由管理人员及员工共同设计出员工的职业生涯通道,为员工提供不仅适合其个人发展而且能反映组织目标和文化的工作岗位,以

---

[1] 路海生.图书馆员职业规划之我见.图书馆学研究,2005(12):86~87.

及为员工所作的培训、教育计划等。[1][2]

2. 职业生涯规划的特征

职业生涯规划概括起来有以下两个特征:第一,职业生涯规划的个性化。因为职业生涯规划是针对个人的实际情况而制定的,组织对员工个人职业生涯规划的影响是通过员工的认知而间接产生的,而个人的实际情况与认知能力千差万别。所以职业生涯规划的个性化特征比较明显。第二,职业生涯规划是一个动态的过程。职业生涯规划并不是制定出来后就一成不变的,它会随着个人与组织条件的变化而不断地加以调整,包括目标的调整、措施的调整等。

(三)职业生涯规划的意义

随着科学技术和社会经济的发展,一方面,从业人员的素质得到不断提高,他们不仅仅把职业当作一种谋生的手段,而且越来越认识到自身的价值,怀有强烈的自我实现的愿望与职业控制意识;另一方面,各行业对具有合适资历的员工的需求不断增加。因此,开展员工职业生涯规划,能够提高员工的素质和对企业的忠诚度,帮助员工实现其职业价值,从而促进组织更好地发展。[3]

(四)图书馆对馆员的职业生涯规划

图书馆应采取多种激励措施来引导和协调馆员的职业规划,帮助馆员树立敬业爱岗的意识,增强馆员对图书馆的责任感

---

[1] 沙淑欣.治疗图书馆顽症:流程重组.农业图书情报学刊,2004(10):50~52.

[2] 程社明,冯燕.职业生涯的成功秘诀——处理好内外职业生涯的关系.中国大学生就业,2005(23):44~45.

[3] 张颖.现代图书馆呼唤馆员职业生涯规划.图书馆学刊,2012(1):31~34.

与忠诚度。

1. 指导馆员进行职业生涯规划

高校图书馆要帮助馆员学习职业生涯规划的有关知识,分析馆员的职业技能与兴趣,让馆员了解高校图书馆的发展目标及人才要求,指导馆员制定职业生涯规划,鼓励和支持馆员实施职业生涯规划,并定期对馆员职业生涯规划的实施加以指导、协调与修正。

2. 为馆员创造更多的发展机会与更宽松的环境

高校图书馆要积极为馆员提供更多的发展机会,如行政管理职位的提升与职称的晋升等。高校图书馆还应为馆员设计出多条职业发展的道路,使每个馆员都有更多的发展机会,让他们对自己所从事的行业充满希望。通过有针对性的培训、轮岗等,使馆员熟悉并胜任更多的工作岗位,发现并找到更适合、更感兴趣的工作岗位,从而激发馆员的工作积极性。要营造良好的高校图书馆文化氛围,使馆员在宽松、融洽的环境中工作。

在职业生涯发展的道路上,重要的不是你现在所处的位置,而是你迈出下一步的方向。因此,高校图书馆要激励馆员积极开展职业生涯规划,努力学习新知识、新技能、新方法,真正实现高校图书馆的目标与馆员个人的职业发展目标的统一。

第二节 "鲶鱼效应"在高校图书馆人力资源管理中的应用

一、"鲶鱼效应"(Catfish Effect)

挪威人爱吃沙丁鱼。市场上活着的沙丁鱼的价格要比死去的沙丁鱼的价格高出很多。渔民在海上捕到沙丁鱼后,都希望运到港口时它们还是活着的,以便卖个好价。但沙丁鱼不能适应离开大海后的环境,捕上来不久就会死去。渔民们不让沙丁鱼死的秘诀是在沙丁鱼的鱼槽里放一条鲶鱼。因为鲶鱼是食肉鱼,放进鱼槽后便会四处游动寻找小鱼吃,沙丁鱼为了躲避鲶鱼的吞食,不得不加速游动,这样一来,水面不断波动,氧气便会充足,因此,运到港口的沙丁鱼都是鲜活的。管理学称这种现象为"鲶鱼效应"。"鲶鱼效应"是人力资源管理中的一种激励措施,它能使组织中的所有成员都活跃起来,积极参与竞争,从而能够提高整个组织的竞争力及生存能力。日本的三泽之家公司根据"鲶鱼效应"原理,不断从公司外部找寻精明干练的管理人员作为"鲶鱼",甚至外聘常务董事级别的"大鲶鱼",故意制造紧张气氛,让公司上下的"沙丁鱼"们感到压力,从而激发员工的潜能,使全体员工更加努力地为公司工作,使企业保持持久的活力。

二、高校图书馆应用"鲶鱼效应"的必要性

目前,我国高校图书馆馆员一方面由于是事业编制,致使其工作缺乏积极性,无竞争压力,馆员的主观能动性受到极大的抑制,他们大都安于现状、缺乏进取精神;另一方面,高校管理者对图书馆的重要性认识不足,认为图书馆的工作谁都能干,所以在人事安排上缺乏长远规划、随意性强,导致高校图书馆成为引进人才的家属的"安置所"、下岗人员的"避难所"、老弱病残的"疗养院";大量馆员学非所用、用非所长,使高校图书馆人整体素质偏低,缺少高素质人才。而随着现代信息技术在高校图书馆的广泛应用,对馆员的综合素质与能力提出了更高的要求,这使馆员们压力增大。多种不利因素相互交织与作用,逐渐使馆员们产生了职业倦怠,他们经常抱怨"工作单调乏味"、"工作辛苦而没有成就感"等。职业倦怠影响了馆员们对工作的投入程度,导致其工作能力与工作绩效的降低,而且也会对馆员们的身心健康产生危害,影响其生活质量。若不解决这一问题,长此以往,势必严重影响高校图书馆事业的可持续发展。因此,我们必须积极寻求有效的管理措施,尽快打破高校图书馆的沉闷现状,消除高校图书馆馆员的职业倦怠现象。

三、高校图书馆应用"鲶鱼效应"的意义

(一)让馆员有压力,有危机意识

要消除高校图书馆馆员的职业倦怠现象,就必须给他们适度增加压力,使其产生危机感,不得不拼搏进取。如果高校图书馆引进专业技术能力强或知识广博的"鲶鱼",那么"鲶鱼"就能够使馆内其他馆员产生差距感,感受到一种压力,产生危机感,从而促使他们认识到自身的不足与差距,然后不断地充实与完善自己,努力缩小与"鲶鱼"之间的差距。这样才能有利于高校图书馆的可持续发展。

(二)培养馆员的竞争意识与创新精神

高校图书馆有目的地发现、引进"鲶鱼",有助于引入先进的发展理念和新型的工作方式,为高校图书馆注入新鲜血液。同时,引进"鲶鱼"也就引入了竞争,馆员在"鲶鱼"的带动及刺激下,必然会参与竞争。从而改变传统管理模式下馆员缺少工作活力与竞争斗志而导致的消极怠工现象,使高校图书馆事业充满生机与活力。

四、高校图书馆应用"鲶鱼效应"必须注意的几个问题

"鲶鱼效应"在高校图书馆的积极作用是有目共睹的,能够

激发馆员的潜能,使高校图书馆充满生机与活力。但并不是只要引进"鲶鱼",就一定能实现"引进一个,激励一片"的人才效益的。高校图书馆在应用"鲶鱼效应"时必须处理好几个问题。

(一)处理好"鲶鱼"是外部引进还是内部挖掘的问题

"鲶鱼"一般是从外部引进,但不能只盯着高校图书馆外部的人才。高校图书馆在引进外来人才之前,首先要看内部有没有潜在的"鲶鱼",如果有,就应该及时加以任用、重用。假如高校图书馆内部已形成很好的"鲶鱼效应",那么就不能再过多地引入外来"鲶鱼"。否则,一方面,"鲶鱼"过多,反而容易产生"窝里斗"现象;另一方面,可能会使一些本来可以成为"鲶鱼"的"沙丁鱼"因为看不到希望而愤然离开,导致优秀馆员流失。这些都会使"鲶鱼效应"大打折扣。

(二)处理好"鲶鱼"和"沙丁鱼"的关系

高校图书馆引入"鲶鱼"后,处理好"鲶鱼"和"沙丁鱼"之间的关系就成为必须面对的问题。"沙丁鱼"们在高校图书馆内一般长期从事基础性工作,是具有较深的资历及丰富的工作经验的馆员。"鲶鱼"则因其特有的优势,在馆内占有有利的位置。高校图书馆必须理顺他们之间的关系,在使"鲶鱼"帮助、带动"沙丁鱼"们学习、进步的同时,要使"沙丁鱼"们认识到自己的长处和不足,积极向"鲶鱼"学习,拓展自己的发展空间。只有把"鲶鱼"与"沙丁鱼"的关系真正处理好,营造出和谐融洽的氛围,引进"鲶鱼"才有效果。

在高校图书馆人力资源管理中应用"鲶鱼效应"的目的是激活人才,发挥人才的作用。要积极营造良好的工作与学习环境,使高校图书馆中的各类人才都能够施展才能,得到充分发展,从而提升高校图书馆的核心竞争力,使高校图书馆及其员工都得到发展。

第三节 双因素理论在高校图书馆人力资源管理中的应用策略研究

双因素理论(Two Factor Theory)是一种重要的激励理论,已在企业的人力资源管理中得到广泛应用。将双因素理论有效运用于高校图书馆人力资源管理之中,能够有效地激发高校图书馆员工的工作热情,消除其职业倦怠,从而有利于高校图书馆的发展。

一、双因素理论的内涵

双因素理论又称"激励—保健因素理论"(Hygiene—Motivator Theory),是美国行为科学家弗雷德里克·赫茨伯格(Fredrick Herzberg)于1959年在《工作的激励》一书中提出的。[1]该理论认为,影响人行为的因素有保健因素(又称"维持因素")和激励因素(又称"满意因素")。保健因素包括工作条件、人际关系、工资、福利等,是满足个人低层次需要的因素,它的恶化会使员工对工作产生不满情绪,它的改善可以预防员工产生不满情绪,使员工能够安心工作,起到维持工作现状的作用。但保健因素不能直接起到激励作用,正如卫生保健能预防疾病,但不能治疗疾病一样。激励因素是满足人们对工作本身的要求,包括工作成绩得到认可、工作富有成就感、个人发展、工作内容丰富等因素,它的欠缺虽然不会导致员工的不满,但它的

---

[1] 王东升.浅议双音素理论.辽宁教育行政学院学报,2005(5):136~137.

改善却能激发员工的潜能与创造力，促进生产率增长。另外，在一定条件下，保健因素与激励因素可以相互转化，如工资、奖金等福利有可能是保健因素，也有可能是激励因素。如果工资、奖金等福利待遇不与员工个人的工作绩效挂钩，则起不到激励作用，那么，它们只是保健因素；如果将工资、奖金等福利待遇与员工个人的工作业绩挂钩，就会起到很好的激励效果，那么，它们就是激励因素。[1]

双因素理论告诉人们，满足员工各种需要所产生的激励效果是不同的。物质需求的满足所起到的作用常常是有限的，且不能长久，但物质需求的满足又是必须的。若要充分、有效、持久地调动人的积极性、提高其工作效率，除了要注重物质利益与工作条件等外部环境因素外，还要注重精神激励及发展与晋升的机会等非物质因素。

二、双因素理论对高校图书馆人力资源管理的启示

双因素理论使人们重新认识激励的内容。该理论启示高校图书馆在人力资源管理中要注重保健因素和激励因素的作用，并充分利用这些因素来激励员工，激发其工作的积极性。

(一)重视但不过分依赖保健因素

保健因素反映的是人们对生存、安全的较低层次的需求，激励因素反映的是人们对自我实现的较高层次的需求。低层次需求的满足是高层次需求满足的基础与前提，只有满足了员工的低层次需求，才能维持正常的工作秩序，确保日常工作正常开展。赫茨伯格通过研究发现，保健因素所起的作用相当于一条

---

[1] 胡忠华.双因素理论在图书馆人力资源管理中的应用探讨.江西图书馆学刊,2011(4):45～47.

递减曲线,在员工的薪金、福利等达到某种满意程度(即饱和点)后,其所起的作用反而会下降(见"图2"),也就是说,并不是收入越高就越能激发出员工的工作积极性。鉴于此,双因素理论提醒高校图书馆管理者,一方面要积极采取措施,增加馆员必要的保健因素,为其创造良好的工作条件;另一方面又不能过分依赖对保健因素的改善,高校图书馆若要为读者提供优质、高效的服务,关键还是要利用激励因素来激发馆员工作的积极性。[1]

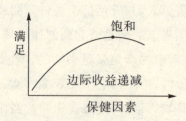

图2 保健因素作用递减曲线

(二)努力满足激励因素的需求

双因素理论认为,保健因素是激励的前提与基础,但激励因素才是激励的关键,只有激励因素的需求得到满足时,才能充分调动员工的积极性。在高校图书馆的人力资源管理中,管理者要知道哪些是工作中的激励因素,努力使员工的激励因素的需求得到满足;增强工作本身的吸引力,使人尽其才,使员工在工作之中获得成功感、满足感,从而有效、持久地激励员工的工作热情,消除其职业倦怠。另外,保健因素与激励因素在一定条件下能够互相转化,并且同一种因素对于不同需求的人,可能有的属于保健因素,有的属于激励因素。因此,要注重将保健因素变为激励因素,以使员工获得长久的激励。

---

[1] 石聿根.论双因素理论在图书馆人力资源管理中的应用.河南图书馆学刊,2005(2):23~26.

三、双因素理论在高校图书馆人力资源管理中的实施策略

(一)挖掘馆员的需求

由于高校图书馆馆情的差异及馆员个体之间的差异,馆员的需求也会存在很大差异。因此,管理者要进行深入细致的调查研究,主动与馆员沟通,了解、分析馆员的心理需求,关心他们的工作与生活,从而制定出具有针对性的人力资源管理计划。

(二)努力营造高校图书馆和谐的工作环境

由于高校图书馆绝大部分岗位实行坐班制,若没有舒适的工作环境,就难以使工作人员保持良好的工作与心理状态,很难为读者提供主动、热情的服务。阿根廷国家图书馆馆长、著名作家博尔赫斯曾经说过这样一句话:"如果有天堂,天堂应该是图书馆的模样。"高校图书馆不仅要为读者营造宁静、亲和的人文环境,也应为图书馆员工创造一个和谐、舒适的工作环境;还要有良好的人际关系环境、图书馆浓郁的组织文化环境等。从而使图书馆员工在这种环境中工作,感到身心愉悦。

(三)提高高校图书馆员工待遇

目前,高校图书馆员工的待遇普遍低于本校从事教学和科研的人员,致使高校图书馆人才流失严重。因此,高校图书馆要努力使其主管部门了解并认可图书馆员工工作的技术含量及劳动强度,使学校在制定内部岗位津贴分配标准时,把图书馆系列的人员和其他系列的人员放在同一水平上,改善图书馆员工的现有工资待遇状况,使其收入达到本校的平均水平,从而避免员工产生不满情绪,有利于提高其工作的积极性,也使人才流失现象得到一定程度的遏制。

(四)为高校图书馆员的发展构建良好的平台

高校图书馆员工的发展空间颇为狭小,在学习、进修、学术研究、职称职务晋升等方面机会比较少。例如,很多高校图书馆由于受职称名额的限制(原本属于图书馆的名额却被教学单位占据),导致很多馆员不能晋升上一级职称,严重挫伤了员工们的积极性。高校图书馆应根据本馆实际情况,积极为馆员提供继续教育的机会,支持馆员的业务进修与培训、学位学历教育,使馆员树立终身学习的意识;要在馆员的职务职称晋升、科研课题申报、外出进修等方面加大扶持力度。这样才能有效激励其努力工作,提高高校图书馆为读者服务的质量。[1]

(五)建立健全绩效考核制度

绩效考核是对员工的工作业绩、能力、态度进行客观评价,并据此判断员工的工作与其岗位的要求是否相符的方法。首先,高校图书馆应根据不同岗位的特点,制定出科学的考评指标,指标要尽可能量化,便于操作。其次,要定期地对馆员进行考核评估。再次,考核结果要与奖惩合理挂钩。只有这样才能调动员工的积极性。

双因素理论是重要的激励理论之一。作为高校图书馆的管理者应该认识到保健因素的保健作用和激励因素的激励作用的重要性,认识到满足不同需要所产生的激励效果的差别。在实际管理工作中,要因人而异,将保健因素与激励因素同等看待,并加以动态调整。

---

[1] 沈洁.双因素理论在高校图书馆人力资源管理中的运用.农业图书情报学刊,2009(2):205~207.

第四章
建立机构知识库
——高校图书馆拓展生存空间之路

20世纪90年代末,国际学术界、出版界与图书情报界为了推动科研成果在互联网上的自由传播而联合发起了开放存取(Open Access,简称OA)运动。开放存取运动经过十多年的发展,如今已主要形成三种类型:一是开放存取期刊(Open Access Journal,简称OAJ),即OA期刊。是作者付费出版、读者免费获取的以学术论文为主的电子期刊,一般经过严格的同行评审(Peer Review),质量比较高。在OA期刊上发表论文被称作实现开放存取的"金色之路"(Golden Road to Open Access)。二是学科知识库(Discipline Knowledge Repository,简称DKR)。是对与某一学科(专业)相关的各种信息和信息之间的相互关系加以存储与管理而形成的知识库。三是机构知识库(Institutional Repository,简称IR)。是学术研究机构利用互联网将本机构成员所产生的数字学术资源进行收集、保存和传播的一种信息资源管理与服务系统。[1]这种由作者本人或者研究机构将已在传统期刊上发表过的和未曾发表的论文储存在学

---

[1] 杨勇,张建中.机构知识库的构建与高校图书馆的工作创新.图书馆理论与实践,2009(1):74~76.

科知识库或机构知识库中,以供用户免费检索使用的信息成果传播模式,被称作实现开放存取的"绿色之路"(Green Road to Open Access)。目前,在上述三种类型中,机构知识库发展得最为迅速。对机构知识库建设进行理论与实践研究也成为图书情报界的热点之一。

机构知识库的发展对于高校图书馆来说既是挑战亦是机遇。机构知识库朝着全球共享方向的大规模快速发展,使得高校图书馆在信息服务与学术交流中的地位受到强有力的挑战。所以高校图书馆必须重新审视自己的地位和作用,要依托校园网、互联网,构建基于开放存取理念的机构知识库,努力拓展新的生存与发展空间。

第一节 机构知识库的起源与收藏内容

一、机构知识库的起源

机构知识库的起源据说是美国麻省理工学院(Massachusetts Institute of Technology,简称 MIT)的一个教授要把自己做的数字式的成果捐献给本校的图书馆,但图书馆无法收藏它们,于是他发起建立了一个跨越学校各院系和图书馆的虚拟空间,这便是机构知识库的雏形。[1]

2001年11月,美国麻省理工学院图书馆(MIT Libraries)和美国惠普公司实验室(Hewlett—Packard Labs)合作开发了DSpace(数字空间)系统。DSpace是一个开放源代码(一个赋予使

---

[1] 吴建中.图书馆 VS 机构库——图书馆战略发展的再思考.中国图书馆学报,2004(5):5~8.

用者很大自由的协议)的软件平台,用户可根据需要修改它的功能,具有高度的灵活性,且能够可持续发展、有良好的技术支持等优点,因而被全球大量机构纷纷下载使用。2003年,DSpace成为包括剑桥大学、俄亥俄州立大学、罗彻斯特大学、康奈尔大学、多伦多大学和华盛顿大学等直接参与的联合机构库。[1]

二、机构知识库的收藏内容

机构知识库收藏本机构人员的学术成果,主要包括:发表的专著与论文、论文预印本(Preprint)、研究中的报告(working papers)、研究及技术报告(research and technical reports)、电子论题(E—theses)、学位论文(theses and dissertations)、项目申请报告(papers in support of grant applications)、学术单位的新闻通讯和快报及档案(departmental and research center newsletters,bulletins and archives),以及图片文件,包括可视化图像、科学图表等(Image files:visual,scientific,etc.),还有视频文件(Video files)、声频文件(Audio files)、数据集(包括统计数据、地理信息数据、矩阵实验室数据等)。

第二节 我国高校图书馆建设机构知识库的必要性与可行性

一、我国高校图书馆建设机构知识库的必要性

(一)促进本校教学与科研水平的提高

随着计算机技术、网络技术与数字化信息处理技术的广泛

---

[1] 杨勇,张建中.机构知识库的构建与高校图书馆的工作创新.图书馆理论与实践,2009(1):74～76.

应用,高校教科研人员在教学和科研过程中产生了很多的数字化学术知识成果,既有通过传统形式出版的图书、发表的论文等,又有工作报告、实验数据、会议资料、课件、个人经验总结等,这些原生的数字化资源,如果不能及时得到存储和利用,其应有的作用便得不到充分发挥,且极易丢失。高校产生的数字化知识成果是高校教学与科研的重要的学术信息资源,对提升学校教学和科研水平起着至关重要的作用。图书馆应将本校教科研人员的数字化学术信息资源收集起来,并对其进行整理,从而实现对这些学术信息资源的保存、利用与共享。

(二)提高学术交流的时效性

在传统的期刊上发表论文,首先要经过同行评审,而评审通过的论文有时还因为期刊篇幅的限制而不得不等待一段时间才能出版,所以,论文到达读者手里需要相当长的时间;在 OA 期刊中发表论文虽然省去了等待出版的时间,但必须通过严格的同行评议。以上两种形式发表论文都存在一定的时滞问题,并且作者还承担被退稿的风险。作者若把论文提交到机构知识库,只需经过快速审批程序即可发表,论文从完成到发表的时间大大缩短。并且机构知识库可以为任何网络用户所利用,不存在身份、地域的限制,且没有国界限制,有利于发展中国家的研究人员及时利用世界著名大学科研的最新成果;有利于消除信息鸿沟,实现信息公平,提高学术交流的时效性。

(三)提升高校及其图书馆的社会地位

高校师生员工的智力成果一般是分散于众多的期刊、数据库和网站中的,高校没有把它们集中起来。若高校图书馆建立机构知识库,就可以使原来分散的知识产品得以聚集起来,不仅能展示该校在科学研究、教育教学、技术应用、经济与社会发展等方面的成就,而且响应开放存取精神,能实现资源的开放与共享,使机构内外人员都能够通过互联网免费地获取和使用这些资源;使社会更加了解高校及其图书馆,对提高高校及其图书馆的社会知名度能够起到十分重要的作用。

另外,由于机构知识库大都遵循开放存取协议,机构知识库可以被有效地检索与"收割",使机构知识库中的文章具有较大的影响力与较高的被引用率。一项研究显示,同一期刊中自存档论文和没有存档的论文相比,自存档论文的被引用率高25%～250%,而且在12个学科中,其所有期刊都呈现这种规律。[1] 可见,建立机构知识库有利于提升学者的学术地位。

二、我国高校图书馆建设机构知识库的可行性

(一)高校图书馆具有建设机构知识库的领导能力

高校图书馆一直是学术信息资源的主要集散地和重要传播者,在数字化资源的搜集、组织与检索利用方面有一支专业队伍,具有丰富的经验与较强的技术能力。因此,高校图书馆应是机构知识库建设的领导者。

(二)不少高校图书馆已经为机构知识库建设做了前期工作

华中师范大学图书馆数字化建设的新成果——桂子文库,它以数字化方式收集、保存与展示该校教师历年来公开发表的学术论文、出版的学术专著、编写的教材、研究报告等研究成果,是一个不断充实的动态文献数据库。[2] 中国人民大学建立的

---

[1] 周美华,魏文杰. 建设高校图书馆机构知识库的研究——以扬州大学为例. 图书馆,2010(5):62～64.

[2] 教师科研成果有了电子档案　桂子文库华大文库发布仪式举行[EB/OL]. [2012—7—20]. http://www.hszsb.org/news/252.html.

"教师成果库",将其在职教师的各种学术成果(包括著作、论文、评论、会议资料等)进行数字化加工处理,以数字化的形式存储并展现给读者。高校图书馆所做的这些工作,都为机构知识库的建立打下了坚实的基础。

(三)高校拥有大量高质量的学术资源

高校所具有的丰富的、高质量的知识资源,使机构知识库能够有大量的、可供展示的内容,也是建设机构知识库的前提。当然,高校图书馆作为高校的信息中心,对本校的知识资产进行搜集、加工与利用是其责无旁贷的工作,也是高校图书馆丰富馆藏资源、提升竞争力的重要举措。

综上所述,我国高校图书馆经过长期数字化信息资源建设,积累了大量经验,如今已有能力建立起自己的机构知识库。这是高校发展的要求,也是高校图书馆自身可持续发展的要求。

第三节 推进我国高校图书馆机构知识库建设的策略

我国高校图书馆的机构知识库建设起步较晚,且发展进程缓慢。2006年,厦门大学图书馆成为我国高校图书馆建设机构知识库的"吃螃蟹者"。目前,中国高校及科研机构在ROAR上共注册79家,其中内地高校只有4家(厦门大学、福建师范大学、北京大学、浙江大学)。在世界知识库排行榜上,我国内地只有厦门大学机构知识库榜上有名,而台湾大学、台湾成功大学、台湾政治大学等的机构知识库则跻身于全球前100名。台湾大学尽管开始建机构知识库的时间比厦门大学还晚一年,但现已高居世界第9位。

其实，近年来，对机构知识库的建设的理论探讨及实践，我国图书馆界从未停止过脚步。在理论研究方面，关于机构知识库的论文较多。上海图书馆馆长吴建中在中国图书情报界顶级杂志《中国图书馆学报》2004 年第 5 期发表《图书馆 VS 机构库——图书馆战略发展的再思考》一文，拉开了中国图书馆界探讨建设机构库或机构知识库的序幕，至 2012 年 6 月 30 日，在 CNKI 的"学术文献总库"中，题名含有"机构知识库"的论文有 232 篇，题名含有"机构库"的论文有 72 篇，题名含有"机构典藏库"的论文有 6 篇，合计 310 篇。在实践方面，自 2004 年以来，我国内地许多高校图书馆也都曾经建、正在建或计划建"机构库"，但真正在国际上立住脚的却没有几家。这是一个值得反思的问题。笔者认为，主要原因是建设力度与宣传力度不够、质量有待提升、缺乏社会影响力、没有形成品牌等。在世界高校机构知识库蓬勃兴建之际，我国高校图书馆应积极行动起来，努力兴建机构知识库，积极营造开放的学术环境。

一、积极做好宣传、推广高校机构知识库工作

目前，我国高校大部分用户对开放存取运动还不够了解，开放存取理念尚未深入人心，机构知识库还处于起步阶段。作为开放存取运动的积极参与者、宣传者与推广者的高校图书馆，只有通过开展专题讲座、文献检索课，印制及散发宣传册、进行日常用户培训等多种途径，加强宣传、推广工作，才能得到校领导的重视，使机构知识库的建设获得人力、物力与财力的支持，才能使广大师生员工了解建设机构知识库的意义与作用。要鼓励、引导师生员工主动把自己的研究成果存档于机构知识库，培训网络用户掌握使用机构知识库的方法，提高网络用户利用机构知识库的能力,以提高机构知识库的利用率。

二、在起步阶段就要注重机构知识库的开放性

既然机构知识库是开放存取模式的一个重要分支,那么其具有开放性特征是毋庸置疑的。高校机构知识库在开始建设时,就应向国际著名的"开放获取"系统进行注册,并向 google、yahoo 等搜索服务器提供其站点文件,以便机构知识库的元数据能够被各学术性搜索引擎及时收入。只有这样,才能使机构知识库与外界相互沟通,实现与国际化数字系统的互操作,便于用户搜索到机构知识库里的资源,从而使机构知识库被有效地利用,扩大机构知识库的影响。若机构知识库只限于保存资料,不向社会公众开放,其作用便不能充分发挥出来。

三、对机构知识库资源存储实行激励机制

高校机构知识库建设的核心问题是资源建设。由于机构知识库大多数属于自存储系统,即作者本人负责资源提交,若没有相应的激励机制,就很难调动本校师生员工自存储的积极性,容易造成机构知识库资源收集难、存储量少的问题,出现"有路无车"的现象。因此,高校机构知识库建设要有完善的资源存储的激励机制作保障。我国现行的学术科研考评体系是以公开发表的论文、出版的著作等作为重要评价指标的,在机构知识库中存储的未公开发表的论文、未出版的著作等尚未被纳入到评价体系中,因此,需要制定出一套与学术科研评价机制相适应的激励制度,以激发广大师生员工自存储的积极性,使广大师生员工由"要我存储"变成"我要存储"。

四、构建机构知识库联盟

近年来,机构知识库联盟已经成为机构知识库建设的一种模式、一种趋势。这是因为机构知识库联盟有着诸多优势。首先可以避免资金、技术与人力的重复投入,节约机构知识库的建设成本;其次,能够使各机构知识库的资源得到有效的整合、得到更为广泛的利用,并为成员机构在科研上的合作创造更大的空间;再次,由于多种因素的制约,并不是所有的高校都有能力独立建设机构知识库,而通过参加机构知识库联盟的方式,可以使一些原本无力建设机构知识库的高校也可以建设机构知识库。一些发达国家和地区已有不少成功运行的机构知识库联盟可供借鉴,如白玫瑰知识库联盟(The White Rose Consortium ePrints Repository)是由英国利兹大学、约克角大学与设菲尔德大学共同合作建立的,属于 SHERPA 项目的一部分,负责保存该联盟中的成员已发表的学术研究成果。该知识库具有较强的开放性与较高的利用率。[1] 再如由荷兰特文特大学、阿姆斯特丹大学、提尔堡大学共同参与建立的 ARNO 知识库;[2]我国台湾地区已形成以台湾大学为中心的台湾机构知识库联盟,即台湾学术机构典藏(Taiwan Academic Institutional Repository,简称 TAIR)等。[3]

机构知识库在保存高校的学术成果、拓宽教学与科研人员

---

[1] 邓君.机构知识库建设模式研究.图书情报工作,2010(6):112~116.

[2] 渠芳.高校教学联合体机构知识库联盟建设研究——以徐州高校教学联合体为例.情报理论与实践,2010(11):83~85.

[3] 张云瑾.台湾地区机构知识库建设特点及其启示.福建师范大学学报(哲学社会科学版),2010(4):56~59.

的学术交流渠道等方面发挥着越来越重要的作用。因此,借鉴国内外的成功经验,加快建设我国高校机构知识库,是我国建设世界一流大学的重要举措,也是高校图书馆义不容辞的责任与义务。

第五章
深化学科馆员制度
——打造高校图书馆核心竞争力

高校图书馆是大学的心脏,担负着为本校的教学与科研提供文献信息资源保障的重任。在新时期,高校图书馆如何为广大师生提供深层次的信息服务,是高校图书馆必须面对的现实问题。高校图书馆积极推行学科馆员制度是根据用户需求制定的战略性决策,是提升其核心竞争力的有效途径。

第一节 核心竞争力及高校图书馆核心竞争力

一、核心竞争力

1990年,美国经济学家普拉哈拉德(C. K. Prahalad)和哈默尔(G. Hamel)在国际商业界最有影响力的刊物《哈佛商业评论》上发表《企业核心竞争力》一文,首次提出"核心竞争力"这一概念:"核心竞争力是企业独特拥有的、能为消费者带来效用,从而使其在市场上具有竞争优势的内在潜力。"[1]美国现代企业资源观之父杰恩·巴尼(Jay B. Barney)在《从内部寻找竞争优势》一文中指出,核心竞争力存在于企业资源与能力的价值性、稀缺性和难以模仿性之中。[2]也就是说,所谓核心竞争力是指企业具有让竞争对手在一个相当长的时期内难以超越的竞争力。也有研究者用"人无我有、人有我优、人优我特"阐释核心竞争力。北京大学张维迎教授用"偷不去、买不来、拆不开、带不走、流不掉"[3]15个字对核心竞争力作了生动形象的精辟概括。拥有核心竞争力是企业成功的关键。而核心竞争力的形成要经过企业内部资源、知识、技术等的累积与整合。虽然核心竞争力具有较长的生命周期及较高的稳定性,但它并不是一成不变的,随着企业内外环境的不断变化,企业要对其核心竞争力不断进行升级转换,从而使企业具有持续竞争的优势,实现可持续发展。

二、高校图书馆核心竞争力

对"高校图书馆核心竞争力"这一概念,可做如下诠释:高校图书馆核心竞争力是指高校图书馆通过对建设文献资源、提供优质服务、开发信息产品、开发人力资源等的整合,而使高校图书馆具有持续竞争优势的能力。核心竞争力是保障高校图书馆生存和发展的独特的、不易为外界掌控的能力;是提升高校图书

---

[1] 刘二稳.谈高校图书馆的核心竞争力.图书馆学刊,2006(4):33,39.

[2] 虞俊杰.论学科馆员与高校图书馆核心竞争力的构建.江西图书馆学刊,2010(4):98~100.

[3] 罗红彬,祁卓麟,刘淑霞.基于学科馆员制的高校图书馆核心竞争力.现代情报,2007(4):136~138.

馆在信息服务业中的地位的关键能力,是高校图书馆发展的决定因素。

高校图书馆的竞争力表现在它所拥有的资源(包括文献信息资源、技术设备资源与人力资源)和能力(主要是服务能力)上,但并不是高校图书馆所有的资源和能力都能形成核心竞争力。当前,高校图书馆传统的服务内容(包括书刊借阅、参考咨询等)已经不能满足广大师生的信息需求。广大师生迫切需要既熟悉图书馆现实馆藏与虚拟馆藏、具有较高文献检索技能与信息创新能力,同时又具有某学科专业知识、熟悉教学科研情况的学科馆员提供的服务,因此,以提供学科信息服务为宗旨的学科馆员制度在高校图书馆应运而生。基于学科馆员制度的学科服务能形成高校图书馆的核心竞争力,它有助于高校图书馆在新的历史发展阶段实现其最基本、最核心的职能,有利于其拓展新的服务领域,提高服务能力。

第二节　学科馆员制度尚待完善　我国高校图书馆的核心竞争力有待提升

学科馆员(Subject Librarian)制度起源于美国。1981年,美国卡内基—梅隆大学图书馆率先推出"跟踪服务"(Track Service),随后,其他一些国家的研究性大学图书馆也纷纷效仿。目前学科馆员制度在世界范围内得到了广泛推行。在我国,1998年,清华大学图书馆率先实行学科馆员制度,随后北京大学图书馆、武汉大学图书馆、西安交通大学图书馆、中国人民大学图书馆、南京航空航天大学图书馆等陆续开始施行。美国图书馆学会(ALA)将"学科馆员"定义为:一种受过专门训练和拥有丰富学科知识的馆员,主要负责图书馆某一学科专业文献的选择和评价,有时也负责学科信息服务和书目文献的组织工作。[1] CRIO框架作为学科馆员的典型工作职责,已被图书馆界广泛接受与认可。它把学科馆员的工作概括为做好馆藏建设(Collection)、参考咨询(Reference)、教学培训(Instruction)、院系联络(Outreach)四项工作,即通过加强图书馆与院系的联系,建设更符合读者需求的学科资源,提供更具有针对性和专业化的参考咨询服务,从而促进读者对学科资源的利用。

一、学科馆员在打造高校图书馆核心竞争力过程中所起的作用

(一)使文献资源的建设更具有针对性,提高文献信息资源的利用率

由于学科馆员具有所服务学科的专业知识,了解所服务院系的专业需求,因此在采购和组织文献资源时,更具有专业性、针对性,避免过去那种"大而全"、"小而全"的文献资源建设模式,使文献资源建设更符合学科专业的需求。同时,把有价值的文献信息资源及时呈现在所服务的院系读者面前,从而提高文献信息资源的利用率。

(二)与院系的教学和科研工作紧密联系,增强图书馆工作的主动性

学科馆员深入院系,参与到课程的设计、教学资料的选取中,和师生们零距离接触,真正成为师生的伙伴。他们为师生们提供专业性的、精深的信息服务,为其科研和决策提供依据,使

---

[1] 大丰. 医学科学馆员[OL]. [2010-9-10]. http://blog.sina.com.cn/blog-4ddda2010 ofd 89.html.

图书馆工作真正融入到院系的教学和科研中,充分发挥了高校图书馆为教学和科研服务的作用。

二、我国高校图书馆学科馆员制度建设的现状

目前,我国已经有 200 多所高校图书馆建立了学科馆员制度。但经过实践发现,学科馆员制度的建立并没有真正达到预期的效果。目前我国只有为数不多的几所知名大学的图书馆,如清华大学图书馆、武汉大学图书馆的学科馆员制度建设得比较成功,其他大多数高校图书馆虽然建立了学科馆员制度,但其学科馆员的工作大都维持在送送资料、做做培训这些技术含量较低的服务层次上,使学科馆员的真正作用没有得到很好的发挥。

(一)符合学科馆员素质的人员不足

我国高校图书馆长期以来不是被看作具有研究性质的学术性机构,而是被当作辅助教学和科研的附属机构与服务机构,高校领导及人事管理部门不重视图书馆的地位和作用,把图书馆作为学校安置教学与科研人员的家属就业的主要机构。另外,在我国图书馆界至今还没有建立图书馆职业准入制度。大多数高校图书馆工作人员的学历结构、职称结构不合理,高学历、高职称人员偏少,馆员的知识结构单一。图书馆情报学专业毕业的馆员大都没有其他专业的学科背景,而有其他专业背景的馆员大都没有图书馆学专业的背景,同时具有图书馆学、情报学与相关专业双学位的人才少之又少。缺少复合形人才,使得能担当学科馆员的人很少。

(二)学科馆员在学科资源建设方面参与度不够

目前,高校图书馆的资源建设岗位呈分散且混乱状态,对于纸质图书与期刊的购买、电子资源的购买、数据库的建设、资源共享服务等岗位,各高校图书馆是按照自己的理解加以设置的,使资源建设的岗位在馆内呈条块分割状态,各岗位容易各自为政、缺乏协调和统一,这难免会对馆藏资源结构的科学性与系统性产生不利影响。学科馆员在学科资源建设方面参与度低,缺少话语权与决定权,发挥不了其应有的作用,致使学科资源建设工作与学科服务工作严重割裂开来,资源建设缺乏针对性。

(三)学科服务深度不够

国外高校图书馆的学科馆员作为学科联络人的角色非常明确,学科馆员深入到院系课程设置、教学资料的选择、学生能力的培养中,在院系教学与科研中所发挥的作用远超过提供学科信息、开发学科馆藏所起的作用。[1]而我国高校图书馆的学科馆员多数仍然只起到信息中介的作用,还没有真正融入到教学与科研的过程之中,学科服务的深度不够。且学科馆员管理混乱。我国高校图书馆学科馆员多数都不是专职的,而是分散在采编部、信息技术部、参考咨询部、流通部、阅览部等部门,由于他们承担着其他部门的工作任务,因此,其放在学科馆员这一职责上的时间与精力必然有限。同时,缺乏完善的指标考核体系与激励机制,不能正确评估学科馆员的绩效,这些都不利于调动学科馆员工作的积极性、主动性与创造性。

三、我国高校图书馆的核心竞争力有待进一步提升

目前,学科馆员制度建设在我国还处在探索研究阶段,一些地方高校图书馆的学科馆员制度建设才刚刚起步,或是尚未起

---

[1] 金旭东.21世纪美国大学图书馆运作的理论与实践.北京图书馆出版社,2007:87.

步。基于学科馆员制度的高校图书馆的核心竞争力还有待进一步培育与提升。但随着学科馆员制度的不断实施与完善,学科馆员的作用一定会越来越重要,高校图书馆的核心竞争力一定会得到不断加强。

第三节　建立学科馆员的长效发展机制提升高校图书馆的核心竞争力

完善学科馆员制度是提升高校图书馆核心竞争力的重要举措。但学科馆员制度的建立和完善不是在短时期内就可以实现的,需要一个长期的过程。因此,高校图书馆需要建立学科馆员的长效发展机制,不断完善学科馆员制度,以提升高校图书馆的核心竞争力。

一、人才培养机制

建立学科馆员制度可持续发展的人才培养机制是目前图书馆界及图书情报教育界的一个亟待解决的问题。这一问题要得到根本解决,就必须解决两个方面的问题:一是改革图书馆学高等教育的招生制度,要向美国图书馆学教育学习,提高入学门槛,如图书馆学硕士只招收有其他学科背景的本科生。这样培养出来的学生的知识结构才是全面而合理的。[1] 二是实行图书馆员职业资格准入制度。对已经取得图书馆学或情报学等相关专业的本科以上文凭的,可直接录用为图书馆员;其余人员

---

[1] 美国图书馆信息学专业介绍以及 Top10 学校分析[EB/OL]. [2012—04—13]. http://blog.sina.com.cn/s/blog_8caef9a501012b4p.html.

(主要是有其他学科背景的本科及本科以上人员)若要加入馆员队伍,则需要通过全国统一的图书馆员资格考试。这方面可以借鉴我国的律师资格考试制度(非法律专业的本科生亦可参加考试)。[1]

二、继续教育机制

在当今知识爆炸时代,学科知识信息的无限性与学科馆员专业知识及工作技能的有限性是永远存在的一对矛盾。孔子说:"学然后知不足,教然后知困。知不足,然后能自反也;知困,然后能自强也。"学习的重要性是不言而喻的。随着计算机技术、网络技术的普及与发展,知识更新的速度越来越快。过去,一个大学生在大学期间学习与掌握的知识占其一生所需知识的70%以上,而现在仅占一生所需的10%。生活在这样一个时代,任何人都要不断学习,不断更新知识。因此,学科馆员要树立终身学习的思想,要不断学习图书情报学专业的新知识、新思想、新技能,关注各学科(特别是作为学科馆员所承担的专业)的新知识与发展动态,开阔视野,不断完善自身的知识结构,与时俱进。图书馆要鼓励、督促馆员不断地学习,并为他们的继续教育创造条件,以充分调动学科馆员学习的积极性与主动性。

三、责权利统一机制

所谓"责",即应当担负的责任,是学科馆员应该承担的义务、职责;所谓"权",即权力,是学科馆员职责范围内可以支配的权力;所谓"利",即利益、好处,包括物质上和精神上的。所谓责

---

[1] 王竹.关于建立我国图书馆员职业资格认证制度的探讨.农业图书情报学刊,2012(4):222~224.

权利统一,即权力与责任匹配、收益和业绩挂钩。在构建学科馆员管理制度时,高校图书馆首先必须明确学科馆员的职责。但在实际工作中,很多学科馆员的职责不清,一些学科馆员被混同于参考馆员,起不到学科馆员应有的作用。其次,要赋予学科馆员履行其责任所必需的权限。学科馆员制度的顺利实施,需要有相应的物质基础做保障,要在设备、资金与信息资源等方面得到切实保障,否则学科馆员无法深入开展工作。再次,要根据学科馆员的任务完成情况分配收益。在当今市场经济环境下,假如一项工作和其参加者的利益没什么联系,或者只是口惠而实不至,那就难以唤起参与者的热情。试想,如果学科馆员与其他馆员之间,或学科馆员之间的地位、待遇等没有明显差距,干多干少一个样,干好干坏一个样,怎么能够激发学科馆员的潜能,而全心全意地做好对口学科的服务呢?责任产生压力,利益产生动力。只有实行责权利的统一,才能增强学科馆员的责任心、荣誉感,充分调动学科馆员的工作积极性。

　　建立学科馆员制度是高校图书馆深化服务、努力提高服务水平、适应现代高等教育发展的一项新举措、一项新工程。其根本目的是让广大师生真正受惠于图书馆的资源和服务,提升高校图书馆的核心竞争力。学科馆员的设立是关系到高校及其图书馆发展的大事,它决定着高校图书馆的整体能力与发展前景。但是新生事物的发展不可能是一帆风顺的,学科馆员制度这一全新的服务模式在我国高校图书馆尚处于探索和尝试阶段,因此,实施学科馆员制度任重道远。高校各级领导一定要高度重视学科馆员制度的实施,推动学科馆员制度的发展。学科馆员是复合型人才,需要具备很高的素质,但在我国高校图书馆现有的人员中还选拔不出大量合格的学科馆员。因此,高校图书馆要积极营造学科馆员长期发展的机制,一方面采取多种途径,努力培养与提高现有馆员的服务能力与综合素质;另一方面还要着眼于未来,努力推动图书馆学高等教育的改革及图书馆员职业准入制度的建立。只有这样,高校图书馆学科馆员的质量及数量才会有保障,高校图书馆才能为高校提供更好的学科服务,高校图书馆核心竞争力才会得到不断维护与提升。

第六章
合作储存
——高校图书馆发展的必经之路

高校图书馆纸本文献资源的无限增长与馆舍空间有限的矛盾是高校图书馆发展进程中一直存在的问题。而高校图书馆纸本文献的实际利用率一般为30%左右,也就是说,长期占据高校图书馆大量空间的是数量庞大的低利用率文献。传统的解决方法是图书剔旧和扩建新馆。但国内外高校图书馆的实践证明,文献剔旧不利于文献资源的长期保存和利用,不断扩建新馆的方法不经济,也不可行,不能从根本上解决高校图书馆文献增长与空间不足之间的矛盾。[1] 高校图书馆之间建立低利用率文献资源的合作储存图书馆是解决这一问题的重要举措。

第一节 高校图书馆建设合作储存图书馆的理论依据

一、合作储存图书馆的定义

储存图书馆(depository library)也称"存储图书馆"、"托存

---

[1] 刘玉婷,马建霞.低利用率资源的合作存储研究与发展现状.图书馆理论与实践,2010(10):15~19.

图书馆"、"寄存图书馆"、"密集书库"、"图书储藏库"、"储备书库"等,是收藏和保存低利用率文献资源的图书馆。多采用密集货物储藏和固定排架的方式。"储存图书馆"这一概念是由美国哈佛大学校长查理斯·威廉·艾略特(Charles William Eliot)于 1900 年首次提出的,他建议把高利用率的藏书与低利用率的藏书区分开来,用密集储存的方法把低利用率的藏书集中存放起来。合作储存图书馆可将两馆或两馆以上的低利用率文献集中存放在一起,密集储存,限制复本,统一管理,从而解决多个图书馆低利用率文献的保存、共享问题。合作储存图书馆不是简单地拓展各成员馆的馆藏空间,而是一种对低利用率文献利用的储存与共享模式的创新。

二、"二八定律"和"长尾理论"为建设合作储存图书馆提供了理论支撑

"二八定律"(帕累托法则),即 80/20 法则,它是 1897 年由意大利经济学家和社会学家维弗雷多·帕累托发现的一种社会学、经济学的统计规律,即约 20%的人占有 80%的社会财富。80/20 不是一个准确的值,而是一个近似的比例关系,它反映的是资源分配与占有、投入与产出的不平衡关系,这种不平衡在社会、经济及人的生活中无处不在。例如,一家企业的 20%的产品能够创造其 80%的利润;企业 20%的核心顾客能为其创造 80%的业务收入。80/20 法则反映了自然和人类社会中按80:20 倒置比例分配资源的规律,也为图书馆等机构优化信息资源的配置提供了启示。

"长尾理论"是由美国《连线》杂志总编克里斯·安德森于 2004 年在《长尾》一文中首先提出的。"长尾"一词来源于该文中表示在物联网环境下的新经济需求曲线呈统计学上的长尾分

布。即在需求曲线中,主导市场的几个少数品牌组成了曲线的主体(The Body),其他各自所占比例微小的无数小品牌集合起来,汇集成巨大的总量,在需求曲线上形成一个长长的尾部(The Long Tail)。"长尾"就此得名(见图1)[1]。克里森认为,只要存储与流通的渠道足够多,众多需求低的产品就可以汇聚出同少数几个需求高的产品相匹敌的市场能量。也就是说,一个庞大的用户群的个性化需求能够产生巨大的市场。长尾理论提出以后,对各行各业都产生了很大的影响。

图1　长尾示意图

"二八定律"和"长尾理论"在图书馆的文献采访、典藏、剔旧等工作中得到了广泛应用。目前图书馆采用的三线典藏制度就是二八定律的具体体现。三线典藏制度是按照文献利用率的高低与新旧程度等因素,把馆藏文献资源划分成三个不同层次的书库:利用率最高、最新的文献放到一线书库,可以满足读者60%以上的需求;利用率稍低、参考性较强的图书放到二线书库,可以满足读者20%至30%的需求;利用率最低、但仍有参考价值的图书放到三线书库。一线、二线书库虽然只占图书总量

---

[1]　栾芳芳,韩全惜.数字图书馆的"长尾理论":网络环境下图书馆学五定律的新解析.图书馆,2008(1):4~6.

的20%,却能够满足读者80%以上的需求。占图书总量80%的大量的低利用率图书被放置在三线书库,使图书馆的工作重心主要放在管理好利用率高的文献上。但大量的低利用率文献随着数量的迅速增加,其存储条件及使用条件若得不到改善,其价值也就不能够充分发挥出来。但随着网络技术的发展,"长尾理论"在图书馆界也得到应用,我们可以把高利用率的文献看作"头部",把低利用率的文献看作"尾部",只要"尾部"文献足够多,形成庞大的"长尾",则文献被检索及使用的次数就会增加,[1]无数个低利用加在一起就是高利用,从而实现对低利用率文献的充分利用。

建立合作储存图书馆的原理是:图书馆首先是基于"二八定律"把高利用率的图书与低利用率的图书区分开来,使图书馆集中精力管理高利用率的图书;其次,基于"长尾理论",图书馆把大量的低利用率的图书通过合作储存,对低利用率文献进行汇聚、揭示、传播与共享,使用户可以方便地获取多个图书馆的低利用率文献,从而大大提高低利用率文献的使用效益。"二八定律"和"长尾理论"为合作储存图书馆的建设与发展提供了强有力的理论支撑。[2]

---

[1] 韩洁.长尾理论下低利用率文献合作储存模式研究.图书馆学刊,2010(3):122~123.

[2] 余侠.中国低利用率文献资源合作储存图书馆研究.农业图书情报学刊,2012(8):5~8.

第二节　高校图书馆建立合作储存图书馆的意义

一、大大提升高校图书馆的文献资源保障能力及空间保障能力

合作储存图书馆把两个或两个以上的图书馆的利用率低的文献集中存放，并提供服务，这种模式打破了各成员馆物理空间的封闭和束缚，使可供各成员馆利用的文献资源大量增加，扩大了各成员馆的服务范围，进一步提升了各成员馆的文献资源的保障供给能力。同时，各高校图书馆把大量长期占据书库空间的低利用率文献资源转移到储存图书馆后，可以节约出大量的物理空间，从而使高利用率文献资源的储存条件得到改善，新书能够顺利上架，使纸质文献的总量能够保持零增长，使高校图书馆提供给读者学习、研究的空间大大增加。这样，高校图书馆的空间保障能力就得到很大提升，从而也提升了高校图书馆的服务功能。[1]

二、大大降低高校图书馆的文献资源储存成本

各高校图书馆的大量的低利用率文献存放于储存图书馆，则各图书馆就不需要各自不断地扩建书库。合作储存图书馆的馆址多选在地价低廉、相距各成员馆地理位置较近的地方，不仅降低了投资成本，而且能方便各成员馆的读者利用。由于土地成本、建筑成

---

[1] 余侠.中国低利用率文献资源合作储存图书馆研究.农业图书情报学刊,2012(8):5～8.

本、软硬件设备成本、人员成本、运营管理成本等均由各成员馆共同分担,故对单个高校馆来说,低利用率文献资源储存和管理的成本较过去来说会大幅度降低,各成员馆可以节约出大量的人力、物力、财力,从而更好、更多地开展图书馆其他服务项目。[1]

三、有利于形成高校图书馆科学合理的文献资源布局

各高校图书馆的高利用率的文献被精选出来,被更好地管理和充分地利用,而大量的低利用率的文献以剔旧的形式搬出,并存放在储存图书馆以备利用。这样,高校图书馆既能够使馆藏文献总量保持在合理的数量上,又可以保持动态的馆藏发展,形成科学、合理的文献资源布局体系。

四、高密度储存能大大提高合作储存图书馆的储藏效率

储存库大都采用密集排架法。储存库一般有40英尺高,书架的高度几乎达储存库的顶棚,文献按开本大小进行排架,打破了传统的按照分类排架的习惯。按照文献储存量来计算,高密度储存方式的文献储存量是开架储存方式文献储存量的15～20倍。传统图书馆1万平方英尺只有10万册左右图书的储存容量,而同样大小的高密度储存设施能够容纳150万至200万册的图书。因此,储存库只需用比较低的建设费用与管理费用便能获取足够大的储存空间。[2][3]

---

[1] 余侠.中国低利用率文献资源合作储存图书馆研究.农业图书情报学刊,2012(8):5～8.

[2] 谢春枝.大学图书馆低利用率文献合作储存的功能要素分析.大学图书馆学报,2010(6):83～89.

[3] 王冰.地区性储存图书馆建设工作探讨.图书馆论坛,2011(2):61～64.

第三节 国内外高校图书馆
合作储存的发展现状

一、合作储存图书馆兴起于美国,并得到长足发展

1886年,美国哈佛大学校长查理斯·威廉·艾略特发现本校图书馆的书库十分拥挤,但只有其中一小部分藏书经常在流通使用。1900年,查理斯·威廉·艾略特在1888年至1889年度报告中,明确提出要把使用率高的藏书与使用率低的藏书分开,并要用密集储存的方法把使用率低的藏书储存起来,以便使常用藏书顺利流通。哈佛大学图书馆馆长莱恩支持查理斯·威廉·艾略特的主张,同意按利用率分开储存藏书。于是,哈佛大学图书馆开始把低利用率图书与高利用率图书分开来储存。1901年,查理斯·威廉·艾略特提出在全国建立三至四个储存图书馆的设想,地点可设在纽约、华盛顿与芝加哥。1902年,莱恩提出避免重复收藏的合作储存图书馆计划,即建议哈佛大学图书馆、马塞诸塞州图书馆、波士顿公共图书馆和其他地区的图书馆共同建立合作储存图书馆。虽然该计划由于种种原因在当时未能实施,但为进一步研究储存图书馆拉开了序幕。

1941年,美国成立了新英格兰储存图书馆(New England Deposit Library,简称NEDL),其正式成员有哈佛大学、波士顿学院、波士顿大学、马塞诸塞州理工学院、马塞诸塞州立图书馆、波士顿公共图书馆、波士顿文学研究会和马塞诸塞历史学会。1949年,美国中西部地区10所高校在芝加哥成立"中西部馆际中心"(MILC),成员馆可共同储存罕用文献资料,并共享这些

文献资料。该中心使美国储存图书馆从合作储存向共享文献资源方向前进了一大步。纽约市医学图书馆中心于1964年正式投入使用,该中心是区域性的医学专业储存图书馆。至1968年,该中心共有成员馆23个,分永久性储存和租借性储存两种形式,后一种储存形式居多。该中心还编制纽约市医学期刊联合目录,且以外借与复印的形式提供书刊资料服务。

1962年,世界上首部储存图书馆法案在美国颁布,它保障了美国储存图书馆的运作,进一步推动了美国储存图书馆的发展。20世纪70年代以来,美国很多高校图书馆加入了多种类型的图书馆协作组织,这些组织虽然多以联合采购、合作编目及馆际互借为目的,但有一部分组织已经开展或计划开展合作储存工作。据统计,在1972年的125个高校图书馆协作组织中,已经开展合作储存的约有17%,计划开展合作储存的约为9%。到2006年,美国已建立了34个储存图书馆。[1]

二、许多国家大力发展合作储存图书馆

英国也是较早建立储存图书馆的国家。早在1904年至1905年,不列颠博物馆就在伦敦的郊外建立了一所报纸的储存图书馆。1916年建立的国家中心图书馆实质上就是英国的国家储存图书馆,因为其馆藏主要是由各图书馆提供。1961年,伦敦大学图书馆在校外建立了储存图书馆,其目的是缓解图书馆的储存压力、减少复本量、降低储存成本。1973年建立的英国图书馆外借部实质上就是一个以外借为主要功能的全国性的储存图书馆。2007年,英国启动研究资源集中存储工程,实现

---

[1] 张海霞,赵伯兴.国外低利用率文献合作储存机制研究.图书馆学研究,2010(3):86~89.

了全国高等教育图书馆系统的合作与联盟,探索解决高校图书馆长期存在的馆藏空间不足问题。芬兰于 1989 年建立了全国图书馆共享的国家储存图书馆。澳大利亚目前已经建有三个重要的合作储存图书馆,各高校图书馆把剔旧的图书,转移到合作储存图书馆进行保存与共享。从 20 世纪 60 年代末起,苏联着手筹建全国统一规划的储存图书馆系统,选出基础好的图书馆作为国家投资的储存图书馆,制定全国性的《关于全国图书馆组织寄存藏书规定》,最终形成四级全国性的储存图书馆网络。俄罗斯在几个大城市建立了区域中心存储库 7 个。法国、瑞典、丹麦、挪威、西德、东德、日本等国相继根据本国国情建立了合作储存图书馆。[1][2][3] 国际图联分别于 1999 年、2004 年、2009 年在芬兰的库奥皮奥(Kuopio)举行了三次国际储存图书馆大会,讨论文献资源贮存模式及其发展问题,进一步推动了合作储存图书馆的发展。[4]

三、我国高校图书馆文献资源合作储存起步晚,发展水平亟待提升

近年来,我国高校图书馆面临着更加严峻的馆藏空间紧缺问题。教育部高等学校图书情报工作指导委员会 2009 年出版

---

[1] 王冰.地区性储存图书馆建设工作探讨.图书馆论坛,2011(2):61~64.

[2] 郭晓红,王洁慧.英国研究资源集中保存项目的实践及启示.图书馆杂志,2011(5):74~77.

[3] 王凤翠.图书馆低利用率文献合作储存的可行性研究.图书馆学刊,2011(9):52~54.

[4] 刘玉婷,马建霞.低利用率资源的合作存储研究与发展现状.图书馆理论与实践,2010(10):15~19.

的《建国60周年高校图书馆发展图册》显示,大多数普通本科高校图书馆的纸本文献量超过100万册。教育部高等学校图书情报工作指导委员会于2011年发布的《2010年高校图书馆发展报告》指出,各高校图书馆采购电子资源的经费持续上升,但高校馆平均用于采购纸本文献资源的经费约是电子资源的1.7倍,504所高校馆的纸本文献资源的采购经费年平均为259万元。[1][2] 这说明纸本文献仍是现阶段高校图书馆文献信息资源建设的重点之一。目前,高校评估如对综合、师范类高校,要求生均100册、生均年进书量为4册。因此,为了保持现有图书数量,大部分高校图书馆不愿剔旧,致使图书剔旧工作大都名存实亡。虽然近年来高校图书馆大规模扩建新馆,但馆舍面积的扩大速度远远赶不上纸质文献增长的速度。在高校图书馆,学生抢占座位的现象很普遍,图书馆大门被学生因抢占座位而挤破现象时有发生。就拿笔者所在的图书馆来说吧,学生为了抢占自修座位,图书馆早晨六点半开馆,学生五点多钟便在图书馆外排队。2010年2月1日,重庆电视台播报了一则新闻——《网曝南师大学生排队上图书馆场面似春运》,说南京师范大学的学生们为进学校图书馆凌晨排队,场面如春运时人们排队买火车票般壮观。这些都是读者对高校图书馆的空间需求更加迫切、高校图书馆空间日益紧张的具体表现。因此,以提升高校图书馆空间利用效益为目标的储存图书馆在我国应运而生。如清华大学图书馆的远程书库、天津高等教育文献信息中心的版本

---

[1] 2010年高校图书馆发展报告[EB/OL].[2011—12—20]. http://librarian.notefirst.com/libraryopen/12984/default.aspx

[2] 余侠.中国低利用率文献资源合作储存图书馆研究.农业图书情报学刊,2012(8):5~8.

图书馆、复旦大学江湾校区的密集书库、首都师范大学图书馆的提存书库、北京大学的昌平储存图书馆等。另外,近年来南京师范大学图书馆、中国矿业大学图书馆、海南大学图书馆、广东海洋大学图书馆等高校馆都建有密集书库。但这些储存库都是一馆的独立储存库,没有实现文献聚合效应,在储存及服务方面缺乏合作和共享,同世界上流行的合作储存图书馆相比尚存在很大差距。但这些雨后春笋般出现的储存图书馆为今后我国高校图书馆的合作储存积累了丰富的经验,奠定了基础。

第四节 影响我国高校图书馆合作储存的因素

一、观念因素

受古代藏书楼的影响,我国高校图书馆重藏轻用的观念根深蒂固,在馆藏资源建设上片面追求"大而全"、"小而全",习惯于自给自足、闭关自守;在合作上过分注重对等,馆际协作意识淡薄。各馆对于低利用率文献,即使书架放不下,下架后束之高阁,也敝帚自珍,不愿拿出来共享。对建立低利用率合作储存图书馆的重要性缺乏认识和了解。这种封闭的、自给自足的小农意识严重制约了我国高校合作储存图书馆的发展。

二、体制因素

在我国,各高校图书馆隶属于不同的高校,而各类型的高校又隶属于不同的行政主管部门,形成条块分割、各自为政的局面。各高校及其图书馆之间缺乏合作与协调。近年来,虽然设立了一些文献资源共享共建协调机构,制定与实施了一些共建共享方案,在文献资源共建共享方面确实有了一些进步。但是有些高校图书馆却常常从既得利益出发,在文献信息资源共建共享方面往往会有选择地执行或者象征性地执行,致使我国高校图书馆的文献资源共建共享工作进展缓慢。而合作储存图书馆在组织形式、管理制度、责任分担、利益分配、人员配备、经费保障等诸多方面都需要协调,因此,这种缺乏合作与协调的管理体制是制约建立合作储存图书馆的重要因素。

三、资金因素

合作储存图书馆建设包括库房建筑、高密集书架、网络通信设施、温度控制器等设备的购置与维护,以及人员的配备等,这些都需要大量的资金投入,且合作储存馆的运行仍需要持续地资金投入。国外合作储存项目的成功经验告诉我们,合作储存图书馆的资金来源主要有政府出资、社会赞助和各成员馆缴纳费用等几种方式。而政府出资则是合作储存图书馆建设初期最主要的资金来源,政府的干预与支持是实现合作储存图书馆建设的重要保证。目前,在这方面,我国政府的推动作用尚不明显。

四、评估因素

在我国现行的高校图书馆评估指标中,藏书数量仍然是重要指标之一,且数量越多越好。基于这种评估的考虑,大部分高校图书馆把低利用率文献下架后放到储存条件恶劣的三线、四线书库,对读者几乎不开放,也不愿通过合作储存来充分发掘低利用率文献的价值。

第五节　推动我国高校合作储存图书馆建立的措施

一、提高对建立低利用率文献合作储存图书馆重要性的认识

首先,各高校图书馆对低利用率文献的重要性认识不足,其次,对低利用率合作储存图书馆的重要作用更是认识不足。随着现代网络技术、数字技术的发展,低利用率文献储存图书馆的建立已经不是单纯地拓展馆藏空间的问题,而是实现文献资源共建共享的重要举措之一。高校图书馆各级领导一定要提高对合作储存图书馆的重要性的认识,积极宣传,努力争取国家及地方政府投资建设合作储存图书馆。

二、把建设合作储存图书馆纳入到建设高校图书馆文献资源共建共享的体系中

目前,我国虽然有一些高校图书馆进行了储存图书馆建设的尝试,但高校合作储存图书馆的建设尚未真正启动,也未把合作储存图书馆建设纳入文献资源共建共享体系之中。高校图书馆界应该未雨绸缪,在各高校图书馆未普遍建立储存库之前,统筹规划,高起点地建设合作储存图书馆,从而提高文献资源的利用率和高校图书馆信息服务的能力和水平。

三、把各馆是否参与合作储存及参与程度纳入到高校图书馆评估指标体系之中

对现行的高校图书馆评估指标体系要加以修改或调整,将高校图书馆参与合作储存的文献资源数量与能够获取的其他成员馆的储存资源数量在新的评估指标中得以体现,从而激发各高校图书馆参与合作储存的积极性,推动高校合作储存图书馆的早日建立。

四、建立多种类型的高校合作储存图书馆

由于国情不同,世界各国建立的高校合作储存图书馆的模式迥异,概括起来主要有以下几种:全国性高校储存图书馆、区域性高校储存图书馆及高校联盟储存图书馆等。鉴于我国幅员辽阔,可以借鉴美国的模式,建立起国家、区域与专业三级高校储存图书馆,同时也要注重与其他系统图书馆及信息机构的合作。要根据国情、省情、馆情的不同,规划、保存好各类型的低利用率文献,并加以充分利用,从而增强高校图书馆的整体文献资源保障能力。

五、积极探索高校合作储存图书馆的信息服务模式

印度图书馆学之父阮冈纳赞说:"书是为了用的,读者有其书,书有其读者。""存"是为了"用",合作储存只是一种手段,目的是更好地利用资源。因此,要积极探讨高校合作储存图书馆的信息服务模式,研究如何建立一站式的文献传递与馆际互借的服务体系,对密集存放、网络平台建设、编目、快速服务等诸多问题进行深入、系统的探索研究,切实加强高校合作储存图书馆的文献传递服务能力,实现能够直接到达用户计算机桌面的网络传递服务,把各馆馆藏资源与合作储存图书馆的资源无缝连接起来,以便各成员馆及非成员馆(如交纳一定使用费用的图书馆)能够得到快捷、便利的文献信息资源服务。

六、开展高校合作储存图书馆的运行管理机制研究

要研究高校合作储存图书馆运行中的管理与运行机制,探讨高校合作储存图书馆的组织形式、管理制度,以及责任分担、经费保障、人员配备、成本效益、服务评估等诸多方面的问题。在合作过程中,要全面考虑各合作方的利益,注重利益均衡,谨防"搭便车"行为(即不付成本而坐享他人之利的投机行为)的发生,使参与合作储存的成员馆都能从中得到实惠,从而充分调动各馆参与合作储存的积极性,吸引更多的图书馆加入到合作储存的行列中来,确保合作储存图书馆的可持续发展。

在当今信息社会,图书馆的生存和发展离不开彼此之间的密切合作,图书馆之间的广泛合作和资源共享已经成为图书馆行业的大趋势。低利用率文献资源的合作储存是高校图书馆馆藏资源建设的重要举措,是高校图书馆在网络环境下拓展馆藏物理空间、节约文献资源管理成本、提高文献资源的利用率、永久性保存文献资源的必经之路。我国要努力营造高校合作储存图书馆建设的内外部环境,使各馆由"要我加入"变为"我要加入",使高校图书馆早日走上合作储存的发展道路。要充分发掘低利用文献资源的价值,使低利用率文献发挥出最大的社会效益,从而提升高校图书馆的文献信息保障能力与服务水平。

第七章
嵌入式服务
——网络环境下高校图书馆用户服务新模式

第一节 "嵌入式馆员"和"嵌入式服务"的定义及特点

一、"嵌入式馆员"及"嵌入式服务"的定义

为适应日益发展的网络技术对图书馆传统服务的冲击,解决资源供给与用户利用之间的持续矛盾,提高图书馆在信息服务行业中的地位,近年来国内外图书馆界开展了各种针对用户服务的理念及方式的创新尝试。图书馆嵌入式服务是指馆员融入用户群体中,成为用户群体中的一员,以信息服务的专业特长,与用户共同完成特定的工作目标或任务的一种服务方式。提供这种服务的馆员,称为"嵌入式馆员(Embedded Librarian)"。[1]

---

[1] 林燕.嵌入式馆员——图书馆用户服务新理念.图书馆学研究,2010(1):71~74.

嵌入式馆员所提供的服务——"嵌入式服务（Embedded Service）"强调馆员要无缝地、动态地、交互地融入用户之中，将服务的触角伸到有用户存在的任何地方，用户不必到访图书馆，甚至也不必访问图书馆网站，就能充分利用图书馆的资源和服务。

二、嵌入式服务的特点

嵌入式服务以融入用户物理空间或虚拟空间、为用户构建一种适应其个性化信息需求的信息保障为目标，主要以学科为单元提供集约化的深层次信息服务。

（一）嵌入式服务是主动、及时的用户服务

嵌入式馆员改变了原有与用户的联系方式，利用先进的网络技术，深入到用户群体中，满足用户的各种信息需求，甚至包括一些用户自身都未意识到的潜在的信息需求。他们不是坐在桌子前等着用户来询问，或是单纯地坐在电脑前接收用户的电邮，而是积极主动地参与课堂讨论、参加教研会议、与用户共同完成课题研究，以此了解用户的学术背景，熟悉用户的工作内容及流程，从而为用户提供恰当、及时、有效的信息服务。

（二）嵌入式的服务模式是多种多样的

2007年，David Shumaker 等人从共同定位（Co-location）、合作关系（Relationships）、共同管理（Co-management）及共同资助（Co-funding）四个维度理解"嵌入式图书馆服务"，并归纳了"嵌入"的三种类型，即物理嵌入、组织嵌入和虚拟嵌入。"物理嵌入"是指办公的区域从图书馆迁到用户的办公区；"组织嵌入"是指对嵌入式馆员的管理评价和薪资发放；"虚拟嵌入"是指

专门为满足用户的使用需要,在虚拟工作区提供图书馆服务。[1]

服务模式可以是物理嵌入。如图书馆员每天要到院系坐班,为教研人员提供服务。有的馆员虽然在图书馆中办公,但经常参加院系的会议和活动,了解用户需求,有针对性地提供咨询和信息服务。他们也可能嵌入到某个短期课程中,为课程提供全程服务。可以是虚拟嵌入,嵌入式馆员通过应用Web2.0技术(BLOG、RSS聚合器等)为用户服务,使信息的推送有了更多的途径和方法,如不少高校在BBS网站上设有图书馆板块,解答用户提问、发布重要通知、听取用户建议等。

(三)嵌入式的服务层次是深入的,服务内容更细致

嵌入式馆员运用自己的学科知识,深入到用户的项目、课题研究中,跟踪服务需求,发掘用户真实、潜在的需求。可在课程管理系统中添加图书馆页面链接,回答用户关于图书馆的基本问题;在讨论区为学生答疑,也可为学生修改论文提纲,为数据库资源检索提供参考意见,更可以为用户的科研课题提供研究策略和解决问题的方案。

另外,嵌入式馆员熟悉某学科领域的专业基础知识和发展状况及动态,且知道如何寻找和利用专业信息资源,因而能有针对性地为用户提供咨询服务,更能节省用户的时间和精力。

(四)嵌入式服务的定位是与用户一体的

这是嵌入式服务最重要的特点,即馆员不仅是信息服务的提供者和合作者,也是完全融入用户群体中的一员,他们与用户亲密合作,挖掘用户真实、潜在的信息需求,捕获、分析和应用知

---

[1] 陈廉芳,许春漫.高校图书馆嵌入式创新服务模式探讨.图书馆工作与研究,2010(8):4～7.

识。他们将图书馆的资源与教学科研活动联系在一起,使用户能更加有效地使用图书馆的资源。

在教研部门,他们是教研人员之一;在课题研究中,他们是课题研究组成员;在课程授课中,他们是教师的助手。他们与用户承担共同的工作任务,"急用户之所急、想用户之所想",共同体验完成任务的喜悦,真正实现了"嵌入"的意义。

(五)嵌入式服务的效果是最佳的

嵌入式服务充分体现了"以人为本"的思想,体现了"以用户及其需求为中心"的服务理念。嵌入式馆员通过独特的服务方式,把图书馆服务的触角延伸到用户需求的各个方面,从而为用户提供全程的贴心服务,真正做到了用户在哪里,嵌入式馆员就在哪里,嵌入式服务就在哪里。由于强调用户的价值、注重用户的体验效应,因此,最容易获得用户的认可和支持,因而服务效果是最佳的。

(六)嵌入式馆员的专业素质要求高

嵌入式服务对馆员的要求也与传统的参考咨询对馆员的要求有所不同。与其他馆员一样,嵌入式馆员需要有良好的计算机操作及外语能力,有过硬的图书馆专业知识和技能。但同时,最重要的是嵌入式馆员还要具备相应的其他学科专业素养。嵌入式馆员在为用户服务时,必须详细了解所服务专业的学科背景,使自己具备更多的专业知识,为用户提供专业对口的信息服务。

三、嵌入式服务在高校图书馆的应用前景

高校图书馆素有"第二课堂"之美誉,是课堂之外师生最重要的学习场所。高校图书馆必须改变以往的服务模式,将服务

融入用户的工作和生活之中,以此来支持用户的学习和科研活动。其应用前景主要表现在:嵌入式馆员的服务将为用户营造一种良好的学习和工作环境;嵌入式馆员的服务将在用户的学习和科研生活中发挥积极的作用等。[1]

在泛在知识环境下,高校图书馆将为用户提供无所不在的泛在知识服务;将构建开放的、融入用户过程的知识管理与应用平台。嵌入式馆员的产生及其特有的服务模式将为数字图书馆的发展创造新的机遇。

第二节 高校图书馆嵌入式服务的范围及主要内容

一、嵌入式服务的范围

嵌入式服务的服务范围可以分为嵌入用户物理社区和嵌入用户虚拟社区两种。

(一)嵌入用户物理空间的服务

1. 调整图书馆自有物理空间

(1)开辟新的服务空间

美国研究图书馆协会(ACRL)于 2008 年进行了一项调查,调查显示,大部分图书馆都正在计划或已经完成对图书馆空间的重新调整,专门辟出新的空间为研究生和教师提供新型服

---

[1] 张晓林.构建数字化知识化的信息服务模式.津图学刊,2008(6).

务。[1]在各馆新开辟的空间中,既有舒适的学习座位、单独的工作室,也有可供讨论的合作研究室;既有语音室、培训室,也有设备齐全的教室。在这些空间里,有的配备了计算机、打印机和扫描仪等设备,有的则设置了休闲座椅、沙发、咖啡厅等。所提供的服务种类多样,有参考咨询、信息素质教育等服务;还有不少传统图书馆服务之外的项目,包括针对学生的学位论文写作服务、软件使用帮助、就业指导,以及针对教师的教学支持服务等。这种空间改造将图书馆打造为一个现代复合式的多元化空间,集自主学习、协作研究、社会交往、休闲娱乐为一体,满足了用户多层次的空间需求。这样,一方面将更多的用户吸引到了图书馆的物理空间中来,进一步拓展了图书馆的服务内容;另一方面也使图书馆更好地融入用户的学习、教育、研究等活动的过程之中,进一步密切了与用户的联系。

(2)嵌入新的服务内容

数字图书馆的发展,使图书馆实体空间的功用一度被削弱,但随着图书馆功能多元化的发展,人们又重新开始关注实体空间,设计出功能完善、支持多样化学习和科研的空间。嵌入式服务提供零障碍的、一站式的服务,可弥补空间上的局限,产生无缝的用户体验。服务内容可以嵌入自主学习、协作学习和情境学习之中。

为自主学习提供嵌入式服务,可以将高校图书馆原有的电子阅览室、书库和自习室三者统一起来,以学科分类为依据,设置若干个集资源、设备、人员、空间为一体的自主学习空间。除了嵌入自主学习,图书馆更应该与学校其他部门形成服务联盟

---

[1] 卢志国,马国栋.学习共享空间:图书馆创造大学的无缝学习环境.图书馆学研究,2009(2):52~56.

而嵌入协作学习。嵌入协作学习需要营造适合多个学习者主动探索、相互交流、共同完成学习任务的学习环境。另外,服务还应该嵌入情境学习。情境学习就是使学习发生在与现实情景相类似的情境中,即嵌入情境学习需要创建一个让学生参与实践的实习场地。可选择重点学科开展,应根据学科发展规划,与各个院系、实验中心共同合作,建立适应教学和研究的模拟场景。

2. 图书馆向外部物理空间拓展

图书馆在调整自我空间的同时,还要走出图书馆,将服务延伸到外部空间之中。有些馆员在其所联系的院系设有办公室,在办公室中直接为院系用户提供面对面的服务;有些馆员虽然在图书馆中办公,但经常参加院系的会议和其他活动,了解用户需求,提供咨询和其他信息服务;有些馆员则跟教师合作,到课堂上对学生进行与课程相关的信息素质教育;有些馆员则直接参与研究课题组,为课题组成员提供最新的相关信息服务。如美国华盛顿大学图书馆与艺术学院合作建立的 Nancy Spirtas Kranzberg Illustrated Book Studio,馆员从图书馆搬到了艺术学院,图书馆员与学院老师合作,参与对特藏图书的管理、辅导学生等。向图书馆建筑之外的空间拓展,不仅将图书馆服务更好地融入校园生活,而且增强了图书馆服务的主动性和针对性。实际上,图书馆在物理空间上的嵌入并不一定是单向的。不少图书馆在嵌入外部空间的同时,也接受其他单位嵌入自己图书馆的空间中开展服务。图书馆与用户单位及其他服务部门的相互渗透,建立了"你中有我、我中有你"的密切联系。多部门的相互合作更能推动图书馆更深入地嵌入到用户环境中,为用户提供更多、更好的服务项目。

(二)嵌入用户虚拟空间的服务

虚拟空间的嵌入式服务是指把服务嵌入到用户的计算机桌面、浏览器、常用学习软件、常访问的网站、热门搜索引擎和移动通讯设备等用户虚拟环境中,使图书馆的服务让用户唾手可得。具体服务内容如下:

1. 在学校网站主页及 BBS 网站上扩大图书馆的影响

图书馆在学校主页上的位置,反映了图书馆在学校的受重视程度,也影响着用户对图书馆的使用。图书馆需要努力增大自己在学校虚拟空间上的能见度和影响力,争取使自己处在学校网站主页的显著位置;还应该与院系及学校科技部、社科部等部门合作,在更多部门的主页中设置图书馆的相关链接,从而使相关学科的资料查找指南、电子资源及馆员服务等能够在虚拟空间中得到更多的展示和宣传。

不少高校 BBS 网站上设有图书馆板块,这是宣传图书馆的重要方式之一。如上海交通大学图书馆利用该校"饮水思源 BBS"建立了与用户的良好互动关系,提高了其在校园虚拟空间内的影响力。至 2010 年 4 月,在"饮水思源 BBS"的"上海交大"分类讨论区中,"图书馆"板块发表的文章数在 26 个校内单位讨论区中位居第二。[1] 可见图书馆并不一定是被遗忘的角落,如何进行宣传和推广,尤其是在丰富多彩的虚拟空间中如何吸引用户眼球,提高点击率,是值得关注的问题。

2. 打造学术互动社区

Web2.0 技术为高校图书馆加强与用户的交流与互动、提供更好的服务提供了不少可用的工具。利用 RSS 可以提供信

---

[1] 上海交通大学饮水思源 BBS. http://bbs.sjtu.edu.cn.

息推送、整合商业数据库的RSS服务、建立相关信息聚合等；利用博客可建立学科资源介绍、服务推荐、最新消息等网页，供用户进行评论和反馈，建立与用户交流和互动的平台；利用社会性书签，可以尝试让用户对学科资源等进行分类标引，提供用户容易理解和便于使用的分类体系；利用即时通讯技术，可提供实时的学科虚拟参考服务。目前，清华大学、上海交通大学、上海师范大学等高校图书馆都在建立和发展学科博客。这些学科博客往往包含学科热点问题、学术活动动态、学科资源推荐、网络信息导航、信息获取技巧、常用软件使用等内容。利用学科博客既可以发布最新信息，推广相关资源和服务，又可以聚集感兴趣的用户，建立起互动的学术交流社区。这是一种值得尝试的服务方式。

3. 融入用户日常应用系统

图书馆浏览器工具条可将图书馆多样化的服务推到用户的桌面上。中国科学院图书馆、北京理工大学图书馆等不少图书馆都开发了图书馆浏览器工具条。通过图书馆浏览器工具条，用户就可直接点选图书馆常用网页，接收最新消息，检索图书馆资源，咨询图书馆员，利用图书馆的各项服务。

除此之外，MSN和RSS reader等流行软件、Blackboard等网上教学软件都能提供图书馆服务可以嵌入的空间，用户可以在工作、学习、聊天的同时，不用访问图书馆，就可方便地利用图书馆的服务。Google Scholar、Amazon等一些开放性的网站就提供了嵌入的方式。图书馆只需要配置本馆的链接解析器，用户就可以在Google Scholar的检索结果中看到某馆有权限的全文书刊及相关服务的链接，用户点击这些链接，即可阅读图书馆订购的文献的全文、利用图书馆的虚拟参考等相关服务。

将图书馆服务嵌入用户常用软件及常用网站中,可以帮助用户在网上漫游时发现图书馆的有价值的资源和服务。这无疑是将游离于图书馆之外的用户吸引到图书馆的极好的方式之一。

二、嵌入式服务的主要内容

嵌入式服务涉及图书馆业务工作的方方面面,范围广、内容丰富。主要内容有:

(一)嵌入咨询服务过程

随着信息环境的变化,嵌入式馆员更多地利用新一代网络技术和图书馆 2.0 技术,利用电子邮件、虚拟参考咨询系统和 BLOG、QQ、MSN 等实时通讯工具及其他沟通联络方式,与用户建立紧密互动的服务关系,用户在遇到问题时,足不出户就能得到及时、专业的帮助。对嵌入式馆员来说,用户能"首先想到你,广泛地知道你,方便地找到你,有效地利用你,良好地评价你"。如同在城市社区里,人们有困难就会想到找警察一样,在信息获取中,人们有困难则会想到嵌入式馆员。在国内,如东北师范大学图书馆提供了嵌入式咨询服务,图书馆页面除了提供电话、邮件咨询等服务,还提供了实时咨询服务;该馆还向用户公布了馆员的 QQ 和 MSN,并通过博客在网上发布最新消息、参考资料等。

(二)嵌入教学过程服务

1. 国外嵌入教学过程服务

瑞吉欧教育方案的创始人 Loris Malaguzzi 提出,教与学就好比人们不应该站在河的对岸,看着河水流过,而应该上船,在河水中共同合作。[1] 嵌入式馆员就如同河中的船,联系着院系与师生,帮助创造良好的教学环境,使教与学的双方如鱼得水,从而满足双方的信息需求。

嵌入式教学服务是指图书馆员帮助教师进行相关课程的文献检索课教学,通过教学让学生了解所学课程及相关专业文献的基本知识。通过嵌入式教学,能让学生了解获取与利用所需文献信息的方法和技巧,增强学生的自学能力、知识的自我更新能力、科研能力和创新能力。在嵌入式教学服务中,图书馆员走进课堂,介绍自己的职责和能为学生提供的帮助,告诉学生自己的联系方式,将图书馆相关资源和服务介绍给学生,并在学生日后的学习中对其进行一系列的信息素质教育。

嵌入式教学服务在美国相当普遍。如康奈尔大学图书馆员与教师合作授课,即在一门课程中,有一两节课由图书馆员主讲。这种授课方式已经成为康奈尔大学用户教育的主要方式,既帮助学生掌握了学科文献的利用技巧,同时也为馆员深入院系发挥作用提供了机会。[2] 在网络课堂上,嵌入式馆员与教师共同合作为在线学生提供服务。嵌入式馆员将图书馆的资源与课堂活动联系在一起,帮助学生取得了理想的学习效果。

2. 国内嵌入教学过程服务

主要有 3 种服务方式:

(1)在网络教学平台中加入图书馆的相关链接

图书馆员将课程所需的各类资料放在网络教学平台上,以

---

[1] Lauren pressley. On the Road in the Deep South: A Collaborative Experiential Course in Social Stratification[EB/OL]. http://laurenpressley.com/library.

[2] 范爱红. 美国康奈尔大学的馆员工作模式及其启示. 图书馆杂志,2008(2):63~66.

方便师生了解和利用相关服务。嵌入式馆员可以协助任课教师直接在网络教学平台上提供图书馆购买和网上免费的图书、期刊论文等电子全文链接,或将纸本资源扫描后提供电子全文链接;甚至可以利用部分数据库的 RSS 服务,预先输入与课程内容相关的检索式,设定为定题服务,将其 RSS Feed 添加到网络教学平台上,以便用户获取动态的相关资源。另外,通过与教师联系,让教师给学生布置必须利用图书馆资源才能完成的作业,并告诉学生可以寻求嵌入式馆员的帮助,学生就会更多地利用图书馆资源,并且在遇到问题时能向嵌入式馆员求助。

网络教学平台已经为越来越多的高校所使用。对于图书馆而言,它不仅提供了新的宣传阵地,而且在嵌入教学和学习的虚拟环境中增加了更好地为用户服务的机会。国内已有不少图书馆都已在网络教学平台上进行嵌入式服务的探索。如中国科学技术大学图书馆为了帮助用户更好地了解图书馆,熟悉和利用图书馆的各类信息资源,掌握信息检索的基本技能,2009 年开始建设网络教学平台——课件天地,内容涉及学校各种网络数据库的检索方法、文献信息资源的利用、常用软件的使用等。[1]

(2)为教师提供课程级的嵌入式服务

为教师提供教学服务,将课程所需的各类资料放在网络教学平台上供学生使用。课程级的嵌入式服务不仅为教师搜集教学参考资料、为学生获取课程参考资料提供方便,更能促进图书馆员了解课程教学内容,对加强与师生的沟通、了解师生的信息需求大有裨益,还可以快速增强用户的信息体验效应。

---

[1] 中国科学技术大学图书馆:http://www.lib.ustc.edu.cn/

(3)将信息素质教育嵌入教学内容

信息素质教育一直是图书馆的一项重要服务工作。近年来,越来越多的图书馆发现与教师的合作是信息素质教育的一种有效方式。不少图书馆员努力与教师合作,将信息素质教育嵌入教学内容中。有的为教师提供有关的咨询和支持服务,如解答教师提出的相关问题、提供直接用于课程教学的素材等;有的则加入教师的教学团队之中,或参与教学大纲的编写、作业的设计,或到课堂讲授信息素养方面的内容、进行信息检索演示等。

如中国科学技术大学图书馆从2009年开始,尝试性地开展了嵌入式信息素养教学服务活动,改变了传统的用户教育由图书馆单方面负责的局面,这种全新的教学模式真正将信息素养教育融入到课程教学中,并使二者相互交叉、融合。[1] 这种服务注重用户体验和满足用户需求,取得了非常好的教学效果。许多学生在课程结束后,还经常通过网络与馆员互动交流。

(三)嵌入学术交流及科研过程服务

1. 嵌入学术交流

在互联网时代,尽管图书馆在学术交流中的重要地位被削弱,但图书馆人仍然非常重视自己在学术交流中的责任,不仅通过提供信息服务促进学术交流,而且积极提倡并努力推动建立开放存取的新型学术交流模式。早在2002年,美国大学与研究图书馆协会(ACRL)就发布了学术交流倡议(Scholarly Comm-

---

[1] Google Scholar[EB/OL]. http://scholar.google.cn/intl/zh-CN/scholar/libraries.html

unication Initiative)。[1]一方面,图书馆积极开展对研究人员和管理者在学术交流方面的宣传和教育,内容涉及作者权利的管理、版权问题、开放获取、新学术交流模式、机构库建设等;另一方面,积极联合学校其他部门建立本地机构知识库。在机构知识库的建设中,图书馆发挥了极大的作用,承担了对软件系统的评估、政策的解析与制定、机构库的宣传、数据质量的把关、作者行为的引导等职责。一项国外调查显示,在机构知识库运行的各个阶段中,图书馆都承担了主要任务。其中,实施中的图书馆责任分担约85%,试验中的图书馆责任分担近60%,规划中的图书馆责任分担约50%。

嵌入式馆员嵌入学术交流及科研的服务方式可以是正式的,也可以是非正式的。正式的方式如参加院系的各种与科研有关的会议、定期到院系或者教研室坐班、提供定点和到位的服务等。非正式的方式,如维克森林大学的嵌入式馆员Susan,成为2007年社会学系夏季课程小组的一员,她跟随小组成员完成了为期两周的社会调研。在沿途,她帮助和指导学生处理信息技术问题,包括建立Blog、上传照片并维护在线互动课程网站等。在Susan的帮助下,学生搜集、整理、处理、发布信息的能力均有了较大的提高,具备了一定的处理和驾驭信息的能力。

2. 嵌入科研服务

为了更好地服务于科研,馆员应该嵌入到科研课题中,作为课题组的一员,为科研提供相关的文献和数据,如提供最新的成果、项目、最具影响的机构、作者和论文等信息。这种方式有利于增进图书馆对研究人员的信息需求的了解,加强与各类研究

---

[1] 乔秀玲.网络环境下的图书馆个性化信息服务刍议.图书馆学刊,2007(1).

人员的对话。[1] 如沈阳理工大学图书馆将学科服务嵌入到用户的科研中,推动学校科研的发展。重点嵌入到用户课题中,跟踪课题的选题、进展、成果鉴定及成果转化等科研的全过程。在选题阶段,馆员对所选课题进行中外文数据库查新,查找其国内外的研究现状和发展趋势,分析判断选题的新颖性,辅助申请人分析选题研究的价值和意义,从而为选题筹备提供参考资料和立项依据。在研究进展阶段,馆员以课题参与者的身份与相关的研究人员密切配合,主动推送国内外最新的信息源和专业辅助软件,不断为研究人员提供信息知识服务。在成果鉴定阶段,馆员要对比国内外相关研究成果的水平,对课题的创新性和科学性进行公正、客观的评价,促使研究人员及早发现研究中的薄弱环节和不足,从而加以改进,确保研究成果的学术价值。在成果转化阶段,馆员要为研究成果的发表、奖项申报、专利申请等工作进行积极的宣传,提供全面的信息协助,以促进研究成果尽快转化为社会生产力。

服务是座金矿,只有不断地开采挖掘,才能创造出更大的价值。高校图书馆一直重视开展与师生学习、科研相结合的服务方式。如早已开展的信息素养教育、定题服务、科技查新等。但由于受传统观念的影响,服务过于被动。直到图书馆2.0、信息共享空间、学习共享空间的盛行,才将服务越来越紧密地与用户学习和科研融合起来,形成嵌入式服务。嵌入式服务是服务的一种创新,更是服务的深化和升华,它使图书馆服务成为用户学习和科研理所当然的组成部分,推动了高校教学和科研的快速发展。

---

[1] 周建昌,黄秀菁.学科服务的走向——嵌入式服务模式:以沈阳理工大学图书馆为例.科技情报开发与经济,2010(16):31~32.

第三节　高校图书馆嵌入式服务模式介绍

一、手机短信服务模式

手机短信服务是图书馆开展嵌入式服务的首选方式。图书馆利用手机短信开展图书到期提醒、图书预约、新书通报、书目信息查询、公共信息发布、信息定制等服务，用户只需登记个人手机号，选择短信服务，图书馆就自动将服务推送到用户手机上，使用户拥有"掌上图书馆"、"移动图书馆"。

（一）基于手机的图书馆嵌入式服务模式

目前，我国开展手机图书馆业务的主要有中国国家图书馆、同济大学图书馆、清华大学图书馆和上海图书馆。中国国家图书馆和中国移动联手开展的服务比较成功。[1]

中国国家图书馆（以下简称"国图"）在特色服务中设立了掌上国图服务（又称"随时图书馆"）。通过掌上国图，用户可以随时、随地了解国图和使用国图的资源。该服务包括移动数字图书馆、短信服务、国家图书馆 WAP 网站、手机阅读和国图漫游五部分。

1. 移动数字图书馆服务

移动数字图书馆以智能手机为载体，采用先进的移动快讯技术，将实时信息推送服务和用户自主选择相结合，为用户提供便捷、及时、个性化的信息服务。用户在自己的手机上安装国家图书馆提供的客户端软件，即可根据个人喜好订阅信息频道。

---

[1] 中国国家图书馆. http://www.1as.ae.en.

2. 短信服务

国图的用户可以通过登录窗口或者是发送 GT 到 106988，订阅国图的服务，国图会以短信的方式将服务发送到用户的手机上。所提供的服务包括：预约到达通知、图书催还、用户卡过期提醒、用户意见与建议等。

3. WAP 网站服务

国家图书馆根据自身资源特点推出了"国图动态"、"文化快递"、"书刊推荐"、"资源检索"等服务项目，且定期更新。用户在国家图书馆掌上国图（Web）页面或国家图书馆 WAP 网站进行注册后，下载移动数字图书馆客户端软件，并安装在手机上，即可进入移动数字图书馆。安装软件后，用户可以有选择地定制或取消频道、自主阅读更新的信息内容、注销服务等。服务费用主要是通过收取流量费的形式收取。

4. 国图手机报服务

用户在手机中安装手机阅读服务终端后，即可按照个人兴趣爱好订阅报纸和下载图书。在阅读过程中可以进行页面跳转、书签设定等。

5. 国图漫游服务

主要包括用户指南、静态导航、动态导航和模拟国图四部分。其中，用户指南使用户可以通过手机简单快捷地获取国家图书馆及其阅览室、借阅处、服务处的基本信息；静态导航为用户提供了国图主楼和各楼层的平面图，用户可以了解自己所处的位置和各阅览室的位置；动态导航部分则根据用户选定的初始点和终止点，仿真地为用户指示路径，自动带领用户到达目的地；模拟国图服务提供国图场景，用户可以如身临其境般地漫游其中。

(二)利用 Metalib 实现手机图书馆

目前,不少图书馆都实现了利用手机图书馆来查询馆藏书目信息、个人借阅信息、书刊预约、续借等功能,清华大学则在此基础上实现了手机图书馆的整合检索功能。清华大学图书馆拥有丰富的中外文图书、期刊馆藏和电子资源,他们依据这些不同类型资源提供相应的基于 B/S 结构的 Web 服务,用户可通过互联网访问。Web 服务系统的设计目标是把相关服务移植到移动通信平台上。为了充分利用 Web 服务系统的硬件资源,他们在分析系统服务流程的基础上,利用"协议网关＋页面分析"的机制,把图书馆的不同服务和各种资源整合在一起,构建了 WAP 用户服务平台。

二、"e 划通"服务模式

"e 划通"是国家科学图书馆为了方便科研人员快捷地获取文献信息和相关服务而开发的"个人桌面信息工具"。该工具使用户在用自己计算机浏览网页、编辑文件、讨论问题的过程中,一旦发现自己关心的问题,不用跳出当前的工作环境,不必中断使用过程,就可直接画选相关词句,自动检索国家科学图书馆的各种数据库、服务系统或网络搜索引擎,自动获取相应信息。[1]"e 划通"使得用户不必专门登录国家科学图书馆的网站就能方便、快捷地获取信息,使国家科学图书馆的资源和服务直接嵌入到用户个人的工作、学习环境之中。

另外,用户还可以在未登录图书馆网站或浏览器未启动的情况下获取图书馆的资源与服务。最初的"e 划通"服务是 1.0

---

〔1〕 国家科学图书馆. http://www.las.ac.cn/

版,目前已经发展到了1.5版。1.5版与1.0版的不同之处主要体现在资源的种类、呈现方式、划词功能的适用性等方面。"e划通"服务模式的应用,使科研人员能更加方便、快捷地获取文献信息。

三、RSS服务模式

RSS服务是一种典型的嵌入式服务模式,比较人性化,用户在日常生活和娱乐中都可通过其获得图书馆的相关服务。RSS服务能即时地将最新信息推送到用户桌面或在线RSS阅读器上,用户在定制RSS后,可不必访问网站就能得到更新的内容。RSS服务需要借助RSSOWL、周博通、Sharp Reader、News Crawler、Feed Demon、看天下等专门的阅读器,才能完成。主要操作方法是:先将频道的链接地址复制,并运行RSS阅读器,将链接地址粘贴到文件菜单中,选择"添加新频道",再按照提示操作,便可完成频道的定制。当用户需要查阅随时更新的信息时,只需点击定制的频道即可。

目前,国内有不少图书馆都开通了这一服务,如厦门大学图书馆、上海交通大学图书馆、浙江网络图书馆等。开展RSS服务,最具有代表性的是上海图书馆,其频道的链接地址是http://feed.feed—sky.com/shlib。在该频道中,用户通过RSS阅读器便可进行在线阅读、离线阅读、手机阅读等,离线阅读时,用户只需要下载周博通、新闻蚂蚁、易搜比等阅读器,就可以方便地阅读;还可以定制IM提醒服务,通过定制到哪吒网,使用MSN、Skype、Gtalk、QQ等方式,来获得图书馆的定制信息。厦门大学图书馆也提供RSS服务,他们将订阅信息分类,用户可以按照需要订借阅信息、公告信息、讲座信息等。此种嵌入式服务模式使得图书馆的服务更加人性化,图书馆服务可以深入到用户的日常生活当中,用户在日常生活和娱乐中就可以享受到图书馆的各项服务。

四、社区网站服务模式

社区网站服务模式是指将服务嵌入到使用频率较高的几个社区网站中,用户在使用社区网站的过程中不必登录图书馆网站就可享受图书馆的服务的模式。目前,国内也有较多图书馆使用这种服务模式,其中以台湾大学图书馆与 Facebook 和 Plurk 合作开展的服务效果最好。台湾大学图书馆开发的 Follow NTU Library,包含了 Facebook 和 Plurk 两个社区网站,其中嵌有图书馆的两项服务。具体应用是:在 Facebook 社区网站上显示图书馆文字、声音或图片等消息,用户可查询图书馆馆藏目录等。用户即使不登录台湾大学图书馆主页,也可以在 Facebook 社区网站上得到相应的服务。

五、桌面其他个性化服务工具

这是一种在用户软件系统中加入图书馆应用,提供一些小工具,包括将图书馆 OPAC 的检索框放在用户个人主页、博客及一些交友网站上的服务方式。还可以加入专用的插件等,如各种用于浏览器的小书签、用户脚本、插件、工具条。安装后,用户只要打开浏览器上网,就可以方便地利用图书馆的服务。用户利用高校图书馆工具条,可以直接访问图书馆主页,进入学术信息资源门户及期刊导航、数据库导航系统;用户也可以通过工具条上的"图书馆动态"链接随时获得图书馆电子资源动态、开闭馆通知、报告厅讲座等动态信息。清华大学图书馆、北京大学图书馆、浙江万里学院图书馆等使用工具条较早。

北京大学图书馆工具条还提供电子书城本馆资源链接服务。[1]清华大学图书馆强调资源的获取方式,用户可以直接进入其学术信息资源门户和期刊导航、数据库导航系统;利用常用检索工具入口,可以选择进入 EF、SCI/FSTP/SSCI/lSSTP、CSSCl等检索工具,然后进行检索。与北京大学图书馆一样,用户也可以通过工具条上的"图书馆动态"链接,随时获得清华大学图书馆的电子资源动态、开闭馆通知、报告厅讲座等动态信息。

从图书馆工具条的使用情况来看,图书馆界将越来越多地使用嵌入式服务模式,推广嵌入式信息服务。随着异构数据库的检索技术和嵌入式数据库同步技术的进一步成熟,图书馆现有的数据资源必将得到有效的整合和充分利用,使更多用户能够随时随地地享受图书馆提供的服务。

通过以上五种服务模式的分析,可以看出,在 Web2.0 网络环境下,各种灵活的网上工具与上网形式层出不穷,使图书馆服务具有智能性、可获取性、即时性、交互性、开放性等特点。图书馆只有适应网络发展的需要,将图书馆的各项服务融入到用户的学习与科研中,将图书馆服务与用户学习和科研融为一体,才能保证用户无障碍地享受到各项服务。

嵌入式服务是一种更加注重用户体验的创新服务。在嵌入式服务中,嵌入式馆员运用智能化、网络化技术,营造特定检索情境,加强用户的体验,促进人机交互,拓宽信息吸收渠道,增强用户感官体验。从而使用户获得多种愉悦体验,大大提高了图

---

[1] 王建涛,胡明玲.工具条在图书馆信息服务中的应用.图书情报工作,2007(2).

书馆的用户"黏度",是一种牢牢"黏住"图书馆用户群体的最佳服务模式。尽管目前嵌入式服务还有待进一步深入开展,但我们有理由相信,嵌入式服务在图书馆的应用将会有更为广阔的前景。

第四节 在实施嵌入式服务过程中应注意的问题

网络技术及信息环境的发展和变化,在给图书馆的传统服务带来巨大挑战的同时,也为图书馆的发展带来了前所未有的机遇。先进技术迫使图书馆摒弃以图书馆为中心的服务模式,同时也使图书馆有能力开拓更宽的信息服务渠道。

目前,开展嵌入式馆员服务在我国高校图书馆中才刚刚起步,在实践中尚存在不少问题。主要表现在:

对嵌入式馆员来说,他们的知识储备会极大地影响到用户获取信息的深度和查找数据的针对性,如果没有扎实的学术背景,即使人"嵌入"了,若知识结构嵌入不了,也达不到预期的效果。

面临着信息技术的网络数字化、信息资源的多元化和科研人员对知识产品需求的多样化的挑战,嵌入式馆员如何才能得到用户的理解与支持,如何与院系和学校其他部门进行合作,是迫切需要解决的问题,这就对嵌入式馆员的素质提出了更高的要求。

用户众多,需求无限,这与有限的图书馆人力资源形成矛盾,图书馆在现有的人力资源结构下很难扩大服务规模。

关于国内许多高校图书馆嵌入式服务的创新实践活动,由于章节所限,这里不能详细列举,只能"窥一眼"而"知全貌"。

但是,需要注意的是:高校图书馆不能脱离各馆实际情况开展嵌入式服务。由于每个高校图书馆的类型(研究型、服务型)、规模、人员配置、专业设置及用户需求层次等都不一样,因此,开展嵌入式服务的时间、规模和程度也不一样,发展的现状及取得的成效更不一样。高校图书馆应该理清思路、把握方向,依据各馆的具体情况,因时、因地、因人,由小到大、由点到面地逐渐开展嵌入式创新服务,从而推动我国高校图书馆事业的发展。

第八章
提升社会服务功能
——时代的使命与高校图书馆自身发展要求

高校图书馆向公众开放,这在全世界已成共识。目前,许多发达国家(如美国、英国、日本、德国、新加坡等)及一些发展中国家(如印度)的高校图书馆为企业和社区用户开展服务的现象已经十分普遍。美国高校图书馆把社会服务工作做得深入、细致,深入人心,走在了世界前列。我国也有一些高校图书馆向社会开放,但总体来说,进程缓慢。中国和美国的高校图书馆存在于不同的社会制度和教育体制之下,各有不同的发展道路及特点,但高校图书馆的社会服务功能在本质上是一致的。本章通过对中美高校图书馆社会服务的研究,探索提升我国高校图书馆的社会服务功能的途径。

第一节 美中高校社会服务的发展脉络

高校图书馆是高校的"三大支柱"(教学、实验、图书)之一,是高校的重要组成部分,在高校中占有极其重要的地位,它的发展受高校发展状况的制约。因此,研究高校图书馆的社会服务,应先对高校的社会服务有个较全面的了解。

世界高等学校教育的历史已有800多年。在这近9个世纪的发展进程中,大学的办学理念和教育职能不断发生着变化。从创立之初的宗教教育到文艺复兴时期的人文教育、专业教育,再到当今社会的科学研究及服务社会,大学教育从传授、发展知识到为社会公众服务,大学的办学理念和教育职能在逐步和社会的政治、经济、文化的发展对接,与社会密切联系。高等学校的基本功能演变为如今的"人才培养"、"科学研究"和"社会服务"三大功能。从高校三大功能的发展过程看,先是人才培养,然后是科学研究,再到直接为社会服务,这三种功能互相联系,共同构成现代高校的功能体系。服务社会作为各国高校的主要功能之一,其开展既有利于高校实现自身价值,又有利于高校的教学、科研水平的提高。

一、美国高校社会服务的发展脉络

美国长期以来被誉为"世界第一高等教育强国"。翻开美国高等教育的历史,不难发现,美国高等教育的发展有一个从无到有、从弱到强的过程,并深受欧洲的影响。15世纪末,哥伦布开辟了欧洲通往美洲的大西洋航道,欧洲人远涉重洋来到美洲。17世纪初,首批英国移民到达北美。移民中有100多名清教徒,他们曾在牛津大学和剑桥大学受过古典式的高等教育,为了让自己的子孙后代也能够受到这种教育,他们于1636年在马萨诸塞州建立了美国历史上第一所学府——哈佛学院。哈佛学院的创办揭开了美国高等教育的序幕,到1775年美国独立战争爆发时,美洲大陆已建有9所学院。19世纪德国的现代大学理念——"教学自由"、"学习自由"被广泛传播,这对美国产生了深刻影响,美国高等教育在继承了德国高等教育重视科研的基础上,开创性地发展起了高校为社会服务的职能,这是美国对世界高等教育事业所做出的贡献。

美国建国之后 200 多年间,其高等教育仿效英、德的高等教育体制,借鉴他们的宝贵经验,并结合本国的实际特点,走出了一条本土化的高等教育发展道路,最终超越了欧洲各国。

美国大学最终登上了世界高等教育的顶峰,成为当今世界高等教育的楷模。究其原因是美国大学打破了传统大学的封闭的教学模式,使高校走出"象牙塔",面向社会服务,积极推进经济建设与社会发展,开创了高校的社会服务职能。美国大学也在服务社会的全新理念的指导下实现了跨越式发展,后来居上,走在世界高等教育的前列。如今高等教育服务社会的理念在美国已根深蒂固,并且成效卓著。

(一)《莫里尔法案》的出台,形成了高校与社会互动互助、共生共荣的全新发展模式

美国于 1795 年创立了第一所州立大学,即北卡罗来纳州立大学。该大学在开展教学与科学研究的基础上,开始在某些方面为所在州的社会经济发展提供服务。[1] 这可以看作高校与社会结合、为社会服务的萌芽。至 1860 年,美国的州立大学已达 66 所。[2]

美国南北战争爆发后,美国总统林肯于 1862 年签署了著名的《莫里尔法案》。此法案规定联邦政府将向各州无偿赠予1743万英亩的土地,支持它们分别建立新型学院,促进文理和实用教

---

[1] 徐同文.美国地方高校社会服务现状及借鉴。石油大学学报(社会科学版),2003(5):93~95.

[2] 徐同文.论区域高等教育的特殊战略地位.临沂师范学院学报,2003(1):12~15.

育的发展。法案第四款规定：各州将新获得的土地出售，用所得经费建立永久性基金，资助至少一所学院，"这所学院要在不排斥科学、经典学科和军事战术的前提下，教授与农业和工艺有关的学科"。[1] 从《莫里尔法案》开始实施(1862年)到阿拉斯加大学建立(1922年)，美国共建立了69所赠地学院。虽然《莫里尔法案》并没有要求赠地学院直接为社会服务，但直接为社会服务却成为赠地学院的目标。[2] 以威斯康星大学为代表的赠地学院开创了大学直接为社会服务的办学模式。

威斯康星大学始建于1848年，当时规模比较小，在国内没有太大的影响力，但《莫里尔法案》的颁布实施，为其注入了新的活力，使威斯康星大学进入迅速发展时期。1904年，查理斯·范海思(Charles R. Van Hise)执掌威斯康星大学，在就职典礼上，他指出威斯康星大学应该为实现威斯康星州的改革目标服务，成为全州所有人的大学。范海思在出任威斯康星大学校长的15年间，把大学直接为社会服务的理念发扬光大，正如美国著名新闻记者斯特雯斯(Lincoln Steffens)所说："威斯康星大学对于农民来说，就像猪圈和农舍一样近在咫尺；对于工人来说，就像他们的工会大厅一样可以随时出入；对于制造商来说，大学的实验室随时为其开放。"[3] 威斯康星大学的办学理念在美国迅速传播开来，对其他州立大学及私立大学产生了重要的影响。在这种办学理念影响之下，高校的社会服务职能在美国得以确

---

[1] 王英杰：美国高等教育发展与改革.北京：人民教育出版社，1993:6.

[2] 刘宝存.威斯康星理念与大学的社会服务职能.理工高教研究，2003(5):17~18.

[3] 张皓.威斯康星思想对我国发挥地方高校社会服务职能的启示.重庆文理学院(社会科学版),2006(3):64~67.

立,并逐渐成为美国高校的一个重要职能,形成高校与社会互动互助、共生共荣的全新发展模式。随后,服务社会的办学理念也传播到欧洲、亚洲及世界其他地方,"社会服务"成为高校继"人才培养"和"科学研究"之后的第三大职能。

(二)高校与联邦政府、产业界的合作,加速了高校与社会的融合

第二次世界大战前,美国政府的科研项目集中在联邦政府的小型实验室和实验站里,高校申请到的联邦政府的研究基金很少。但由于战争的紧急需要,仅靠联邦政府的小型实验室和实验站已无法满足国家战略发展的需求。于是高校开始大规模地参与到"曼哈顿工程"的重大科技攻关过程中,在几年时间内,完成了雷达、原子弹等重大科技项目的研究工作,为盟军赢得战争的胜利做出了巨大贡献。据统计,麻省理工学院、哥伦比亚大学、加州理工学院等8所研究型大学争取到了科学研究与开发局总经费的90%。高校在军事科研上的成功,使得政府在科研上越来越依赖于高校,高校逐渐成为美国科学研究的核心部门。

第二次世界大战后,信息技术的迅猛发展为高校与产业界的合作创造了有利条件。20世纪50年代初,斯坦福大学划出约265公顷的校园土地租给高科技企业,而后,一批高新技术企业围绕大学群逐步发展起来,形成以斯坦福大学和加州大学伯克利分校为中心的"硅谷";以及以哈佛大学和麻省理工学院为中心的科技园和科技带,即形成以高校为核心,带动四周大批高新技术产业化的"硅谷"和以高等院校为主体创办的联合体。这是美国高校两类经典的"产—学—研"合作形式,对世界产生了

深远影响。[1] 高校与产业界的合作极大地推动了地方科技与经济的快速发展,而地方科技与经济的发展反过来又推动了高校的快速发展。正像斯坦福大学约翰·亨尼斯校长所说:"人们都说没有斯坦福就没有硅谷,我还要加一句话,没有硅谷就没有一流水平的斯坦福大学。斯坦福在硅谷最大的好处是我们知道企业在干什么,判断企业会遇到什么问题,我们提前替他们去做。科技园帮助大学更好地履行教学科研的职责。第二个好处是从产业界找精英来大学教书,让我们的学生更了解世界和社会,以及未来他们工作的环境。教师如果想参与产业,不需要走很远的路,尽管我们生活在数字时代,但是距离近还是有好处的,面对面的沟通是重要的。产业人员来大学也方便。大学和企业双方都欣赏彼此发挥的作用。"[2]

(三)高校社会服务日趋成熟与完善[3]

1. 服务领域广泛

高校根据社会的实际需求积极主动参与到社区的各项活动中去,从为社区居民提供咨询、免费或廉价开放各类设施(如图书馆、实验室等)、开展家政服务,到为企业提供技术支持,服务领域非常广。

2. 服务形式灵活多样

有高校与企业、高校与社区及高校之间合作等多种形式,而

---

[1] 张白影等. 服务社会:大学图书馆的时代使命. 杭州:首都经济贸易大学出版社,2009.

[2] 杨晨光,沈祖芸,唐景莉. 服务社会,大学创新的意义所在[EB/OL]. [2006—7—18]. http://202.205.177.9/edoas/website18/30/info20830.htm.

[3] 陈时见,甄丽娜. 美国高校社会服务的历史发展、主要形式与基本特征. 比较教育研究,2006(12):7~11.

每种形式又根据不同需求具有多种途径,如校企合作就有高校与企业共创研究中心、建立科技园区及科技带、向企业转让技术等多种途径。

3. 参与人员多

在美国高校,社会服务是评价老师工作及学生综合素质的重要标准之一,并有具体规定。各高校专门建立了公共服务网,为学生提供公共服务指南,以满足学生为社区工作的需要。每个大学生都有责任与义务为社区发展服务。学校这样做的主要目的,是使学生明白学习的最终目的是要用所学的知识服务社会。正如哈佛大学的校门上刻着的名言:为增长智慧走进来,为服务祖国和同胞走出去(Enter to grow in wisdom, depart to serve better the country and the kind)。

美国高校在服务社会这一全新理念的指导下,积极投身到社会建设的各项工作中去,促进了社会的发展。同时,通过社会服务了解了社会,使高校真正走出了象牙塔,成为社会的智力中心。

哈佛大学校门

二、中国高校社会服务的发展脉络

我国高等教育的历史最早可追溯到唐代的书院制度,但我国具有现代意义上的高等教育是出现在鸦片战争以后,至今仅有100多年的历史。最早创办的高校有四所:1895年创办的天津中西头等学堂(天津大学前身)、1896年创设的南洋公学(上海交通大学前身)、1897年建立的求是书院(浙江大学前身)和1898年由国家举办的第一所正规的高等学府——京师大学堂(北京大学前身)。[1]

(一)国家颁布一系列文件对高校开展社会服务作出明确规定

1988年11月22日,国家教委、财政部、人事部、国家税务局颁发《关于高等学校开展社会服务有关问题的意见》,共提出八个方面的意见,如高等学校开展社会服务的宗旨、开展社会服务的具体形式,教学、科研和社会服务三方关系的正确处理,以及收入分配和税收等。这对高校开展社会服务具有重要指导作用。1989年1月15日,国务院颁布了《国务院批转国家教委等部门关于深化改革鼓励教育科研卫生单位增加社会服务意见的通知》(国发〔1989〕10号文件)。1995年,在全国第三次科技大会上,江泽民发表重要讲话,江泽民同志指出:"科教兴国,是指全面落实科学技术是第一生产力的思想,坚持教育为本,把科技和教育摆在经济、社会发展的重要位置,增强国家的科技实力及向现实生产力转化的能力,提高全民族的科技文化素质。"[2] 首

---

〔1〕 张峰. 大学图书馆馆长研究. 合肥:合肥工业大学出版社,2007.
〔2〕 江泽民在全国科技大会上的讲话[EB/OL]. [2012—01—20]. http://news.xinhuanet.com/st/2006—01/07/con.tent_42021964.htm.

次正式提出"实施科教兴国战略"。1996年9月9日,国家教育委员会发布了《关于加强高等学校为经济社会发展服务的意见》,强调把解决经济和社会发展中的重大问题作为科技工作的首要任务,指出高校要坚决贯彻落实中央的科教兴国战略和可持续发展战略,进一步为社会、经济的发展做出应有的贡献。

(二)许多省市相继颁发贯彻中央部委文件的配套政策措施,以推动高校社会服务工作

2005年9月2日,江苏省颁发的苏教科〔2005〕5号文《关于推进高校科学研究服务江苏经济社会发展的意见》,对高校科学研究服务江苏经济社会发展的指导思想、重点任务及主要措施进行了阐述。安徽省于2009年8月发布《关于增强高校科技创新能力服务区域自主创新和地方经济社会发展的若干意见》,对进一步增强高校科技创新能力,推动高校参与以合芜蚌自主创新综合配套改革试验区为龙头的全省经济社会建设,提出了具体意见。

(三)我国高校社会服务现状

近年来,我国高校对社会服务的认识有所提高,一些高校把社会服务工作纳入学校的总体规划之中,把服务社会经济发展作为学校的办学理念之一。高校开展社会服务的形式也多种多样,很多高校或创办高科技产业,或与企业联合创建高科技产业;服务方式更为直接,如向社会开放实验室、图书馆、教学设施等;服务领域更为广泛,有的承担政府和企事业的科研项目,有的开展技术推广服务,有的开展成人教育和继续教育等。高校的社会服务总体来说取得了一定的成绩。

但我们也应清醒地看到,高校在实现社会服务职能的过程中,存在着一定的问题与不足。如有些高校的办学定位不够准

确,甚至不顾实际办学水平,好高骛远,提出不切实际的办学目标;或照搬其他大学的办学模式,忽视对自身特色的研究与培育,结果导致目标错位、缺乏个性等问题,使高校之间同质化现象严重,办学定位、办学目标高度趋同;缺乏个性化人才培养模式和机制,在人才培养、学科建设及科学研究等方面与地方经济社会发展相脱节。

从美中两国高校社会服务发展的轨迹来看,高校开展社会服务离不开政府的推动。美国高校的社会服务起步比我国早,比较成熟,其在服务形式、服务内容及推进机制等方面,都值得我国学习与借鉴。

第二节 美中高校图书馆社会服务的发展历程

一、美国高校图书馆社会服务的发展历程

(一)早期殖民时期至 19 世纪中叶,美国高校图书馆发展缓慢,没有对社会开放

在美国独立之前,美国已先后建立了 9 所大学。这批殖民时期的大学图书馆发展缓慢,馆藏来源主要是毕业生或赞助人的赠书,且大多是经典著作类图书。美国最早的大学图书馆是哈佛学院图书馆,是 1638 年在一位年轻的英国牧师约翰·哈佛捐献 400 册书的基础上建立起来的,人们为了纪念约翰·哈佛的慷慨捐赠,就以其名为学校命名。

这个时期美国高校的教学法为背诵式教学法,即教师授课

是引用经典,学生学习是背诵教师所引用的经典。[1]这种教学法是以教师为中心,对图书馆的需求不高,这就是当时高校图书馆发展缓慢的原因。那时高校图书馆由教员轮流用业余时间管理,每周只开放几个小时,读者仅为教员,尚未对学生开放,更别说对社会开放了。

(二)从19世纪中叶起,美国高校图书馆发生了巨大变化,为开展社会服务打下了基础

从19世纪30年代,美国高校中出现了学生社团的萌芽,一些社团开展了课外讲座、社会问题辩论等活动,而这些活动的开展都离不开图书馆的支持。另外,由于课程扩展,课程内容也越来越深化与细致,形成讨论式教学法,这种教学法是以学生为中心的。这使美国高校对图书馆的需求迅速增加。从19世纪中叶起,美国大学图书馆发生了巨大的变化:馆藏迅速增长、藏书楼转变为图书传播与使用的场所。

(三)20世纪60年代至今,美国高校图书馆社会服务日臻成熟

20世纪60年代,美国首先提出了"社区信息服务"(Community Information Service,简称CIS)的概念,主要是指美国图书馆界为了响应美国政府提出的"战胜贫困计划"而开展的一种社会服务。自此以后,美国高校图书馆一直向社区读者敞开大门,并且积极为社会团体与个人提供多种类型的信息服务。在美国,不分地区、年龄、种族,只要出示能够证明自己身份的证件,就可以办理相关的入馆手续,享受高校图书馆所提供的各种服务。美国高校图书馆的参考咨询工作开展得比较深入,

---

[1] 华东师范大学图书馆学情报学系高校图书馆管理研究室编.美国高校图书馆事业.上海:华东师范大学出版社,1992.

公众可以通过电话、网络等途径随时咨询其工作、生活中的任何问题。

在美国高校图书馆的网站上,一般把校外人员分为游客与校友。目前,校友服务已经成为美国高校图书馆的特色服务。对于毕业的校友来说,母校图书馆向其开通校友服务,一方面能够让其在熟悉的信息环境中满足自身的信息需求,从而解决工作、学习、生活中遇到的问题;另一方面又让毕业校友了解到母校的发展现状,从而拉近校友与母校之间的距离,有利于学校的发展。对于一般游客,则能够查阅学校一些公开课的资料,访问开放数据库,同时高校图书馆欢迎他们到馆访问。在网站上显著位置列出图书馆的电子地图、联系方式与到馆访问规则。一些高校把残疾人员作为一类服务对象,为他们到馆访问或者信息查询提供特殊服务,这是美国高校图书馆人性化服务的一种具体体现。[1]

美国高校图书馆开展了大量的以服务于社会为目的的校际合作项目,如麻省理工大学发起的 MIT 图书馆组织成员计划等。同时,也非常注重与社会机构合作开展社会服务,如加州大学伯克利分校图书馆的 4—H(four—leaf)计划,该计划为少年儿童服务,使其学会利用高校图书馆的知识和资源。斯坦福大学图书馆的继续学习中心,为中小学师生提供学习资源服务,为终身学习者提供学习支持服务,为公众和私人机构提供信息和专业知识服务等。[2]

---

[1] [2] 谢丽娟,郑春厚.中美高校图书馆社会服务比较研究.图书馆建设,2009(2):64~66.

二、中国高校图书馆社会服务的发展历程

(一)早有倡导,已有先例

我国著名教育家蔡元培先生积极倡导高校图书馆开展社会服务活动。1921年,蔡元培在旧金山华侨欢迎会上致辞时说:"图书馆之用,不仅限于一隅。譬如北京大学图书馆,不唯北大学生可用,北京人及各省人亦可用,即诸位回国时或外国人欲研究任何问题,亦可径往参考。且图书馆之书籍,永远存在,万古不磨。若有图书馆,则北京大学虽不能留多生,莘莘学子尽可自己研究。似此,则无机会进大学者,亦可养成大学人才,其利益之大,罕有其匹。"[1]蔡元培的思想不仅在当时,就是在今天也极具创新意识与前瞻性。

中国高校图书馆开展社会服务早有先例。武汉文华图书馆学专科学校(我国第一所讲授图书馆学的高等学府)的图书馆,取名为"公书林",即公众图书馆之意。文华公书林有副对联:"博我以文,约我以礼;仰之弥高,钻之弥深",表达了公书林希望公众前来博览群书、获取知识、陶冶情操的愿望。文华公书林除了为本校师生提供服务外,还另设三处分馆,在其他一些学校设立书籍存放点,定期更换,为武汉当地的各类学校、机关和个人提供服务。文华公书林是我国近代图书馆向社会公众开放的首例,它打破了我国封建藏书楼的禁锢,将馆藏图书向社会开放,成为我国图书馆事业发展史上重要的转折点,对我国图书馆事

---

[1] 中国蔡元培研究会编. 蔡元培全集. 杭州:浙江教育出版社,1997.

业尤其是图书馆学教育产生了积极的影响。[1]

文华公书林

(二)从新中国建立到 20 世纪 90 年代末,高校图书馆已开展社会服务工作,但缺乏连续性[2]

解放初期,配合全国的扫盲运动,高校图书馆做了大量的宣传工作,如组织广大群众走进图书馆,开展阅读辅导工作,指导群众有系统、有目的地阅读,培养良好的读书习惯等。1956 年,中央提出了"向科学进军"的伟大号召和推动科学文化发展的"双百"方针。高校图书馆响应国家号召,加强为科学研究服务。首先把各种科技书刊和工具书集中起来,设立科学技术阅览室、参考工具书阅览室等,以方便科学工作者查阅;其次,向科技工作者发放借书证,主动为科技工作者提供书刊资料;再次,有针对性地编制一些科技专题书目,并联合各类型图书馆,积极开展馆际互借,使各馆互通有无,从而最大限度地满足读者的科研用书需要。这一时期,高校图书馆在为科研服务方面积累了大量

---

[1] 余侠.关于中国大学图书馆向公众开放问题的思考.图书馆学研究,2002(7):24~25.

[2] 张白影等.服务社会:大学图书馆的时代使命.杭州:首都经济贸易大学出版社,2009.

的经验,取得了一定的成绩。[1]

但在1958至1960年的"大跃进"时期,图书馆的服务工作也不可避免地出现了浮夸倾向,有些高校图书馆提出一些过高的服务指标,脱离了客观实际,造成大量图书的丢失和损坏。1960年,在"调整、巩固、充实、提高"的"八字方针"指导下,各高校图书馆开展了对不同类型读者的阅读需求特点及本馆藏书情况等的调查研究工作,以纠正前期脱离实际的工作作风,并积极配合工农业生产建设,为广大群众开展服务,同时继续加强为科研服务,特别是加强对重点读者的服务工作。1966至1976年的十年"文革",造成教育质量普遍下降和教学秩序的混乱,使党、国家和人民遭受新中国成立以来最严重的挫折和损失。高校图书馆服务工作也基本处于停滞状态,图书馆文献资源严重流失,我国图书馆事业发展遭受严重打击。

20世纪80年代,在"以文养文"的观念影响下,高校图书馆开始提供有偿服务,出租场地、开网吧,开办咨询公司,并大力宣传对外有偿服务,创收成为图书馆工作的重心,使高校图书馆的校外读者大量流失,高校图书馆与社会大众越来越远。这种"有偿服务"损坏了高校图书馆在人们心目中的形象,对高校图书馆自身的发展也造成了严重影响。[2]直到20世纪90年代末,随着国家对高校财政投入的增加,图书馆创收行为才逐渐停止。

---

[1][2] 艾新革.大学图书馆服务各地方60年述略及思考.图书馆建设,2010(1):59~61.

(三)20世纪90年代以来,我国高校图书馆开展社会服务的条件日趋成熟

1. 办馆条件明显改善,为高校图书馆开展社会服务提供了物质保证

20世纪90年代以来,我国高校图书馆进入快速发展的新时期,国家投入的经费逐年增加。从教育部高等学校图书情报工作指导委员会于2009年出版的《建国60周年高校图书馆发展图册》中可以看出,大多数高校图书馆的纸本馆藏超过100万册。[1] 我国高校图书馆不但藏书量大,而且学科门类齐全。随着计算机技术、网络技术的发展,高校图书馆实现了自动化、网络化的管理,办馆条件有了显著改善,为高校图书馆开展社会服务奠定了物质基础。

2. 网络技术的发展为高校图书馆开展社会服务提供了技术保障[2]

互联网的普及,使知识信息的传播不再受时空的限制;多媒体、超文本链接技术的发展,使知识信息的检索更为便利,知识也更容易被公众理解与接受。高校图书馆与校园网、互联网相连,使得高校图书馆能够为全球任何一个有信息需求的人提供服务。因此,高校图书馆必须改变原来那种封闭的服务观念与服务模式,重新调整自身的服务范围与内容,充分利用网络条件提升高校图书馆在整个图书馆事业中的地位和作用。

---

[1] 储存图书馆,必需的? [EB/OL]. [2012—2—18]. http://blog.sina.com.cn/s/blog_4c5ff09f0100lkat.html

[2] 余侠. 关于中国大学图书馆向公众开放问题的思考. 图书馆学研究,2002(7):24~25.

3. 终身教育的需求使高校图书馆开展社会服务成为必然

在当今信息社会,知识更新周期大大缩短,人们迫切需要不断地获取新的知识,掌握新的技能。有关统计数据表明,一个人在大学阶段所获得的知识只占其终身所需知识的10%左右,其余90%左右的知识需要在他走出学校后通过继续学习、更新而获得,只有这样才能使自己适应社会对人才的需要。图书馆是实施终身教育的理想场所,世界各国的实践都证明了这一点。1995年颁布的《中华人民共和国教育法》第十一条规定:"国家适应社会主义市场经济发展和社会进步的需要,推进教育改革,促进各级各类教育协调发展,建立和完善终身教育体系。"多年来,我国政府为建立和完善终身教育体系进行了不懈努力。《关于推进全国美术馆公共图书馆文化馆(站)免费开放工作的意见》(〔2011年〕5号文),要求各公共图书馆免费向公众开放。但一个中等城市若是仅仅依靠一两所公共图书馆是无法充分满足居民的阅读需求的。而高校图书馆作为图书馆系统的重要组成部分,理应对周边社区居民敞开大门,使高校图书馆成为公众更新知识、实施终身教育的重要场所。

4. 开展社会服务是高校图书馆自身发展的要求

衡量一个高校图书馆能否充分发挥作用,主要看其所配置的各种资源能否被充分有效地利用,能否对本地区的经济、文化的发展起到较大的推动作用。一般来说,服务的读者数量越多、服务的范围越广,高校图书馆作用的发挥就越充分,各项职能就越能更好地得到实现。目前,我国高校图书馆拥有丰富的馆藏,但资源的利用率普遍偏低:纸质图书的利用率为30%,一些数据库的点击率也不高,大量的文献资源被闲置。高校图书馆应充分认识到"文献资源是为了用的,文献资源有其读者,读者有其文献资源"的道理,要彻底摆脱重藏轻用的管理思想,努力扩大服务范围,让更多的读者利用高校图书馆,以充分实现高校图书馆的社会服务功能,扩大高校图书馆对社会的影响,从而提升高校及其图书馆的社会地位。

目前,我国仅有北京、上海、广东等发达地区的部分高校图书馆对外实行部分开放,95%以上的高校图书馆只为本校师生提供服务。并且,我国高校图书馆对社会服务对象的划分是粗线条的,只有少数高校图书馆允许社会读者以校外个人或者校外团体的身份申请服务。而且这些服务一般是有偿的,用户对某些资源的访问还受到限制。高校图书馆一般在毕业生离校前注销他们的账号,不再为他们提供服务,更没有为毕业校友开展服务的项目。[1][2]

目前,部分高校图书馆根据馆藏和当地发展情况,已设立了相应的公众服务项目。如广州大学图书馆借助政府的力量,与政府共建政务资讯厅,使政府、高校、社会三方得利,可谓一举三得,也为高校图书馆的社会服务开辟了新路。但是总体说来,与国外高校图书馆相比,我国高校图书馆向社会开放的广度和深度还很不够,社会服务工作进展缓慢。

第三节 制约我国高校图书馆社会服务功能提升的原因

近年来,有关研究高校图书馆社会服务方面的论文与研讨

---

[1] 谢丽娟,郑春厚.中美高校图书馆社会服务比较研究.图书馆建设,2009(2):64~66.

[2] 余侠,阳国华.我国高校图书馆提升社会服务功能探讨.情报理论与实践,2010(8):84~86.

会很多,在理论上也基本达成共识,认为高校图书馆开展社会服务既是时代和社会发展的需要,也是自身可持续发展的需要。在实践上,一些高校图书馆也进行了社会服务方面的有益尝试。但我国高校图书馆社会服务工作进展缓慢,功能亟待提升。究其原因,主要有如下两点:

一、高校图书馆开展社会服务使其整体运行成本增加

2007年,《国际先驱导报》和新浪网对"高校图书馆是否该向公众全面开放"这一问题进行联合调查,有70%以上的调查者选择"高校图书馆应该向公众全面开放";在影响高校图书馆向公众开放的因素选择上,60.93%的人选择"开放将使高校的管理成本增高",50.26%的人选择"高校无法从中获得足够利益"。[1] 高校图书馆开展社会服务,其服务对象由原来的高校师生一种对象,变为高校师生和社会公众两种对象,这无疑增加了高校图书馆的服务成本。高校图书馆要服务好社会公众,其人力、物力与财力的投入就需要加大,因此,有关部门必须要加大对高校图书馆的投入。[2]

二、对高校图书馆开展社会服务,政府缺乏相应补偿

目前,国家对高校的投资是按学校每年的学生人数实行一揽子拨款,没有体现图书经费预算,更没有考虑高校图书馆对公众提供文献信息服务应该得到补偿的问题。高校图书馆是否开

---

[1] 七成以上参与调查的人认为高校不该独占书籍资源[EB/OL].[2011—04—05]. http://www.chsi.com.cn/xy/news/rd/200707/20070731/1039144.html.

[2] 余侠.高校图书馆提升社会服务功能的利益驱动机制研究.图书情报工作,2010(19):42~45.

展社会服务及开展社会服务的广度与深度如何,对其所得经费并无影响,高校图书馆无法从所提供的社会服务中得到相应的、直接的收益。[1] 正如中国青年政治学院社会学专家陆士桢教授所说:虽然我国高校的三大功能是教学、科研与服务社会,来推动社会整体发展的,但向公众提供图书资源并不是高校的直接功能。我们可以提倡有条件的高校向公众开放图书馆,但是我们没有赋予高校图书馆服务公众的社会性功能,也没有提供实现这一功能的相关配置。[2] 因此,为了鼓励高校图书馆的文献信息服务从校园延伸到社会公众,使社会公众获得更多、更好的文献信息服务,有关部门就需要对高校向社会公众提供文献信息服务给予相应的补偿,或对高校图书馆社会服务实行额外的激励措施。

第四节 美国高校图书馆社会服务动力机制研究

美国高校图书馆把其社会服务的功能发挥得淋漓尽致,这主要归功于美国高校图书馆开展社会服务有成熟、完备的动力机制。美国高校图书馆的经费来源主要包括联邦政府拨款、学生学费及社会捐助三部分,其份额各占三分之一左右。而开展社会服务的好坏,直接影响高校图书馆的经费的多少,对高校图书馆的生存与发展关系重大。美国高校图书馆社会服务的动力

---

[1] 余侠,张文凤,郝群.高校图书馆提升社会服务功能的利益驱动机制研究.图书情报工作,2010(19):42~45.

[2] 七成以上参与调查的人认为高校不该独占书籍资源[EB/OL].[2011—04—05]. http://www.chsi.com.cn/xy/news/rd/200707/20070731/1039144.html.

机制主要体现在以下几个方面:[1]

一、国家的指导作用

国家在高校图书馆事业发展中起着举足轻重的作用,主要体现在立法与拨款两方面:在《莫雷尔赠地法案》(1862年出台)、《国防教育法》(1958年出台)、《高等教育法》(1965年出台,后经多次修改)中均有关于高校图书馆的建设条款;联邦政府的拨款是高校图书馆的主要经费来源。国家正是通过法律和经济手段对高校及其图书馆加以引导与控制,从而使其服从国家的指挥,沿着国家指明的方向前进。

二、社会的推动作用

美国政府鼓励社会各界积极参与监督高等教育的质量,美国的社会力量直接参与到学校评估之中,其非官方机构对高校的办学条件具有认可权,是影响教学质量的重要因素。若高校图书馆的设施未得到认可机构的认可,就会导致该高校获得的政府拨款、社会及个人的捐款相应减少,高校所培养的学生的质量会遭到质疑,高校招收到的学生人数也会相应减少,甚至有倒闭危险。美国社会对高校及其图书馆的建设和发展有很大的制约作用,从而推动美国高校图书馆不断变革,积极、主动地为教学、科研和社会提供高质量的服务。

三、市场的调节作用

美国是发达的市场经济国家,市场经济的触角伸入各行各

---

[1] 薛小棉. 中美高校图书馆运行机制比较研究. 中国图书馆学报,2001(3):73~76.

业。在图书馆社区服务管理机制中,市场化的运作方式也自然而然地被加以利用,图书馆的用户决定着图书馆信誉的高低和经费投入的多少。为了更好地生存与发展,各高校图书馆坚持走特色发展的道路,加强合作,互通有无,摒弃"大而全,小而全"的办馆模式。每个高校图书馆都有自己的特色性服务项目,都有自主发展的空间,使以用户为核心的开放式服务模式得到充分实现。[1]

四、内部分配制度的促进作用

美国高校图书馆工作人员的工资与职务、职称晋升都和社会服务直接挂钩。美国高校图书馆工作人员每年都要写一份年度书面报告,对其过去一年的工作业绩做一次全面的总结。其中一项重要内容便是总结自己为社会所做的服务情况,主要包括:为本校以外的社区服务,义务为工商业、各职业团体、遇到问题的机构或个人服务等。馆长在对报告审阅后作出对该工作人员的书面评语,然后把年度报告和评语一并交到学校备案。年度报告和评语主要起到以下作用:对该工作人员过去一年来取得的成绩加以表彰,指出存在的问题及不足之处,并明确下年度的工作目标;决定该工作人员下一年工资增长的幅度;为该工作人员晋升上一级职称积累材料。[2][3]

从以上四个方面可以看出:在机制上把社会服务与国家、社

---

[1] 薛小棉.中美高校图书馆运行机制比较研究.中国图书馆学报,2001,03:73~76.

[2] 郭鸿昌.美国大学图书馆馆员的职称评定综述.大学图书情报学刊,2001(1):54~56.

[3] 余侠,张文凤,郝群.高校图书馆提升社会服务功能的利益驱动机制研究.图书情报工作,2010(9):42~45.

会、学校、图书馆和个人都紧密联系起来,形成美国高校图书馆开展社会服务的完备的动力机制,这就是美国高校图书馆主动、深入、持久地开展社会服务的根本原因所在。当然,这是与美国具有完善的法律体系、成熟的社会认可制度,以及乐善好施的社会氛围密不可分的。

第五节 构建我国高校图书馆社会服务的动力机制研究

目前,我国高校图书馆的经费主要来自学校的经费预算,而学校的预算投入基本上与图书馆的服务效果、服务效益及读者对图书馆服务的评价没有关系,读者基本上影响不到图书馆的决策及其工作人员的升迁,影响不到对图书馆投入的多少。高校图书馆开展社会服务尚是一种自觉行为,社会服务开展得如何,与国家所给这所高校的财政拨款的多少无关。[1]教育部早在2002年2月颁布的《普通高等学校图书馆规程(修订)》(以下简称《规程》)中第21条规定:"有条件的高等学校图书馆应尽可能向社会读者和社区读者开放。"国家鼓励高校图书馆向社会开放,但缺乏强有力的法规支持,国家对高校图书馆社会服务的调控力度缺失。因此,为了推动我国高校图书馆社会服务的进程,需要向美国学习,建立起我国高校图书馆社会服务完备的动力机制,以推动高校图书馆社会服务的发展。

---

[1] 余侠,阳国华.我国高校图书馆提升社会服务功能探讨.情报理论与实践,2010(8):84~86.

一、把高校图书馆的社会服务作为高校评估的重要内容

《规程》是在2002年制定的,在当时的条件下,我国高校图书馆全面开展社会服务的条件还不具备。但近年来,随着国家对高校加大投入,高校对图书馆的投入也大大增加,高校图书馆开展社会服务的条件日趋成熟。教育部应该及早修改《规程》,对高校图书馆开展社会服务提出明确要求,并把其开展社会服务作为对高校评估的重要内容;要加大对高校图书馆开展社会服务的宏观调控力度,同时促使作为图书馆主管部门的学校重视并且督促图书馆开展社会服务,并给予人力、物力、财力的支持。

二、为高校图书馆开展社会服务提供经费保障

高校图书馆的服务对象原来只是本校师生,如今要为公众提供服务,就需要增加一定的人员、设备与经费,而高校没有此项经费。高校图书馆社会服务的成本补偿问题已引起社会的广泛关注。在2010年两会议案中,人大代表张湘富提交了《关于为长春市高校图书馆对公众开放提供政策支持的建议》议案,指出图书馆对外开放将造成高校内部资源紧张,并使其管理成本增加,建议政府出台优惠政策,以冲抵高校增加的管理成本,引导高校图书馆对公众开放。[1] 因此,高校所在的地方政府应有计划地拨出一定经费,为高校图书馆开展社会服务提供经费保障。目前,已出现一些借助当地政府的财政支持,整合高校图书馆及公共图书馆资源,实现高校图书馆与当地公共图书馆共同

---

〔1〕 人大代表:高校图书馆应对外开放[EB/OL]. [2012—04—05]. http://lib.dda.gov.cn/news_print.php?id=5169&page=1.

发展的成功案例。如浙江金华市的严济慈图书馆,把高校图书馆、公共图书馆、科技信息情报中心与名人纪念馆集于一体,按照"联合投资、股份分摊、拥有主权、共享资源、民办公助"办馆模式,不仅为学校教学科研服务,而且也为地方经济发展和社会公众服务,从而充分发挥了馆藏文献资源的作用。[1]又如,2005年,安徽省池州学院图书馆通过市政府和学院的共同努力,按照"一个资源库,两个服务窗口"的原则,形成市校共建图书馆的模式,并建立了若干个社区服务站,既为池州学院的师生服务,又面向社会读者开放,推进了高校图书馆的社会服务功能的发展。目前,根据我国国情,像这样市校共建图书馆的方法不失为一种可行之举。当然,在具体的实施过程中,难免会因行政体制、资金来源等问题,遇到这样或者那样的困难,这需要我们去不断地探索解决。

三、培育社会的推动作用,完善市场的调节作用

在我国,非官方机构的认可制度及社会捐款制度还不健全,社会对高校图书馆的推动作用还比较弱。要健全市场机制,促使其在不同范围和层面上发挥资源配置、促进良性竞争的作用。要把市场化的运作方式用到高校图书馆为社区服务的管理机制之中,由读者或用户来决定其信誉的高低和对其投入的大小。

四、改革分配制度,使高校图书馆工作人员的工资及晋升同社会服务挂钩

在当今市场经济环境下,如果一项工作的展开与其参与者没有利益联系,或者仅仅是口惠而实不至,则很难调动参与者的

---

〔1〕 刘淑芹.地方院校与政府共建图书馆问题探讨.内蒙古科技与经济,2009(24):158~159.

积极性。我国要学习美国高校图书馆,把社会服务作为重要指标之一纳入到对高校图书馆领导及其工作人员的年度考核中,使其与个人荣誉、工资增长及职称、职务晋升挂钩,把干与不干、干多与干少的差距充分体现出来,从而从内部调动起图书馆人为社会服务的积极性。

要改变我国目前高校图书馆社会服务的现状,提升我国高校图书馆的社会服务功能,推动我国高校图书馆社会服务进程,就必须在高校图书馆开展社会服务的过程中,将国家、社会、学校、图书馆及个人紧密联系起来,建立起提升高校图书馆社会服务功能的动力机制,使高校图书馆在社会服务中尝到"甜头",得到"实惠",由被动地"要我向社会开放"变为主动地"我要向社会开放"。这样才能真正为地方经济建设和社会发展提供服务,为提高全民族思想文化水平、建设民主和谐的社会做出贡献。

第九章
引入营销理念
——高校图书馆可持续发展的需要

高校图书馆是传播知识信息的重要学术性机构,是保障学校教学和科研顺利实施的重要机构,对学校培养高水平、高素质人才起着举足轻重的作用。但进入21世纪以来,由于计算机、网络技术的飞速发展及信息机构雨后春笋般地出现,使人们获取知识与信息的途径越来越多,高校图书馆的知识储存与知识传递功能遭到严峻挑战。高校图书馆读者流失严重。企业管理专家德鲁克曾说过,没有顾客就没有企业。同理,假如没有读者,高校图书馆也就丧失了存在的意义。为了高校图书馆的生存和发展,高校图书馆必须想法吸引读者重新回到图书馆、使用图书馆,使读者成为高校图书馆的忠实用户。因此,高校图书馆管理引入营销理念是一种必然的选择。只有建立以用户为导向的高校图书馆营销,提高高校图书馆的用户满意度,增强高校图书馆的核心竞争能力,才能实现高校图书馆的可持续发展。

第一节　图书馆营销产生的背景及图书馆营销的历史

一、图书馆营销产生的背景

所谓营销（Marketing），是指以用户需求为出发点，采用一定的手段把卖方的产品或者服务转移到用户手中，并获取一定效益的系列活动的总称。"营销"这一概念最早产生于20世纪50年代的美国企业界。1969年，美国现代营销学之父威菲利普·科特勒（Kotler, P.）在《营销杂志》上发表《Broadening the Concept of Marketing》一文，认为"营销"有两层含义：第一层含义，营销就是推荐、影响和说服人们去买他们不一定需要的东西；第二层含义，营销主要是为了满足用户的需求。第一层含义所指的"营销"等同于"推销"，这是对"营销"的一种较为狭隘的理解，也是一般人对"营销"这一概念的理解。第二层含义重视、关注用户的需求，比第一层在认识上有了明显提升，使"营销"的适用面得到拓展，让经济活动依附于更高的社会目标，从而使营销理念向众多非传统领域诸如高校、图书馆、博物馆和医院等一些非营利性机构延伸与发展。[1]

非营利组织（Non—Profit Organization，简称 NPO），又称"非牟利组织"，即不把为组织的营利作为目的而向社会提供公共服务的组织。虽然非营利组织不以营利为目的，但事实上与企业一样，非营利组织的运作也需要产生效益。在当今社会，非营利组

---

〔1〕 丁璐. 国外图书馆营销理论研究. 图书馆建设，2009(11)：15～19.

织也被称为"第三部门"(the third sector),"政府部门"(Public sector)是第一部门(the first sector),企业界的私部门(Private Sector)是第二部门(the second sector)。[1] 20世纪70年代,菲利普·科特勒出版了《非营利组织的营销》一书,指出:非营利组织要成长与发展,必须要树立以消费者为中心的营销理念。此书的出版改变了人们认为非营利组织无需营销的观念,促使非营利组织把自己看作企业,从而引进一些商业管理方式,推动自己的发展。如今,营销不再只是企业的专利,越来越多的教育科研机构、政府行政机构及社会公共服务机构等,都已尝试运用营销管理手段来推广自己的产品与服务,以提高自身的知名度与社会影响力。

二、国外图书馆的营销历史

图书馆营销的历史始于美国参考工作之父塞缪尔·斯维特·格林(Samuel S. Green)在美国图书馆协会的发言——《改进图书馆员与读者间的人际关系》,该发言强调,图书馆应该为每个普通人服务。1896年,在美国图书馆协会大会上,密尔沃基公共图书馆馆长卢蒂·斯特恩斯谈到"为图书馆做广告",[2] 第二年,他把"管理"概念引入图书馆界。20世纪初,纽约公共图书馆的安妮·卡罗尔·摩尔创立了世界上第一个儿童图书馆。另一位图书馆营销先驱是玛丽·蒂特康姆,她自己用马车开展工作,提出不能等人找书,而要为书找人。[3] 20世纪20年

---

[1] 非营利组织[EB/OL]. [2012—60—30]. http://baike.baidu.com/view/191410.htm.

[2] [3] 孙毅红. 我国公共图书馆服务营销政策研究[D]. 厦门大学,2008.

代,有关图书馆的宣传和相关广告逐渐增多,凯特·卡普兰提出了"图书馆与社区"的观念。1921年,布赖考(BricoeWA)发表《引人入胜的图书馆宣传——公共图书馆的"推广"方法》一文,该文提出的某些营销策略至今仍具有现实意义。[1] 1931年,印度图书馆学之父阮冈纳赞出版《图书馆学五定律》(*The Five Laws of Library Science*),这是一本享誉全球的图书馆学名著。国际图书馆学界把"图书馆的五个定律"誉为是对"我们职业最简明的表述","图书馆的五个定律"也成为图书馆营销的基石。

由于城市的扩张与社区发展的需要,图书馆工作内容更加丰富,图书馆宣传渐变为一种公共关系宣传。20世纪30年代,美国图书馆公共关系委员会成立,《公共关系读者指南》发布。1935年,《威尔逊图书馆通讯》(*Wilson Library Bulletin*)设立"图书馆服务营销"专栏。20世纪40年代,澳大利亚举办"全国图书馆周",大力宣传图书馆。20世纪50年代,美国的萨拉·瓦莱斯撰写的《推进公共图书馆理念》和英国的弗莱德·格林撰写的《失去的四分之三》对图书馆影响深远。[2] 20世纪60年代,英国图书馆馆长哈罗德·乔利夫提出"公共图书馆活动延伸"。1963年,哥伦比亚大学首次开设"图书馆公共关系"课程。20世纪70年代,一些著名的图书馆员撰写了《图书馆员公共关系》和《图书馆公共关系》等文。[3] 随着市场营销理论应用于非营利组织领域,英、美等国的图书馆界逐步开始了对图书馆营销问题的研究。1976年,威英斯托克(Weinstock M)发表《科学技

---

[1] 于东君.关于高校图书馆营销的思考——以新加坡南洋理工大学为例.中国电力教育,2010(31):185~186.

[2] [3] 孙毅红.我国公共图书馆服务营销政策研究[D].厦门大学,2008.

术信息服务的营销》一文,由该文可知,信息专家开始将营销技术应用于图书馆管理之中。1977年,约克(Yorke D A)发表《论图书馆服务营销》,这是最先在图书馆学相关文章标题里使用"营销"一词的论文。20世纪80年代末,许多非营利组织开始采取营销方式来提升自己的形象,图书馆引入营销思想也是从那时开始的。[1] 图书馆营销在美、英等发达国家得到重视与发展是在21世纪。为了推动图书馆营销活动的深入开展,国际图书馆学会联合会(International Federation of Library Associations and Institutions,简称IFLA)与美国大学与研究图书馆协会(Association of College & Research Libraries,简称ACRL)都设置了相应的营销奖项,2005年,美利坚大学图书馆获得ACRL最佳营销奖第一名。[2] 国外高校图书馆纷纷引入营销理念,树立以用户为中心的服务理念,不断提高服务质量,开拓市场营销的空间,这既是时代与社会发展的要求,也是高校图书馆自身可持续发展的要求。

三、国内图书馆营销起步晚,但现已成为图书馆界的研究热点

1993年,庞志雄在《图书馆杂志》第1期发表译文《美国的图书馆市场营销概述》,拉开了我国研究图书馆营销的序幕。同年,在北京召开的"图书馆和信息服务机构营销政策"国际研讨会上,专家们认为,不论是在发达国家,还是在发展中国家,图书馆和信息服务机构的管理者都必须采用营销方法,才能使自己

---

[1] 冯熹.中国公共图书馆营销研究.成都:四川大学,2006.
[2] 曾尔雷.美利坚大学图书馆营销活动及其启示.情报理论与实践,2008(1):158~160.

把注意力放到用户需求上,才能使自己充满活力,为用户提供优质服务。然而,强制工作人员接受和执行营销战略的思想与计划是不可取的,最好的方法是鼓励员工改变观念,通过培训,使其适应营销。这是我国首次对图书馆和信息服务机构的营销策略的探讨。[1][2] 此后,国内图书馆营销研究持续发展。笔者以"图书馆 and 营销"在 CNKI 中的篇名项进行检索,检索结果如"表1"所示。由"表1"可知,1993年至2002年,国内发表的研究图书馆营销方面的论文数量不多;但2003年至2012年,论文量大增,说明近年来,这方面的研究持续升温,已成为图书馆学界研究的热点。

表1

年度	1993	1994	1995	1996	1997	1998	1999	2000	2001	2002
论文数量(篇)	1	3	3	0	2	3	7	6	12	14
年度	2003	2004	2005	2006	2007	2008	2009	2010	2011	2012上半年
论文数量(篇)	32	34	45	53	52	68	64	63	66	34

从目前我国的研究状况来看,对于图书馆营销的应用研究主要是针对公共图书馆,对高校图书馆应用营销理论的研究较少;对于图书馆的宣传活动,还没有从营销管理的高度去规划和实施;对图书馆发展中市场营销所起的意义与作用的认识,还有待进一步提高。

---

[1] 梁战平.《图书馆和信息服务机构营销政策》简介.中国信息导报,1994(4):28.

[2] 孙毅红.我国公共图书馆服务营销政策研究[D].厦门大学,2008.

第二节　世界三大经典营销理论简介

营销不再是企业的专利,越来越多的政府机构、教育科研机构,以及各种非营利的社会公共机构等也开始运用营销管理来提高自己的知名度,推广自己的产品或服务。高校图书馆要做好营销工作,必须学习和了解营销理论,这是做好营销工作的前提和保证。4P、4C、4R 营销理论,是营销学发展史上的三大经典营销策略组合理论。从以产品为导向的 4P 理论,到以顾客需求为导向的 4C 理论,再到强调互动的 4R 理论,引领着营销管理逐渐向柔性管理(重视以人为本)、关系营销管理(重视客户关系)和整合营销管理(重视系统组合)的方向发展。[1]

一、4P 营销理论(The Marketing Theory of 4Ps)

1953 年,美国的尼尔·博登(Neil Borden)首次提出"市场营销组合"(Marketing mix)概念,即市场需求在某种程度上受到营销要素或多或少的影响,企业为了满足市场需求、获取最大利润,必须要对这些要素加以有效组合。因此,市场营销活动的核心便是制定并实施有效的市场营销组合。1960 年,杰罗姆·麦卡锡(McCarthy)在《基础营销》(*Basic Marketing*)一书中将这些要素概括为 4 类:产品(Product)、价格(Price)、渠道(Place)、促销(Promotion),即著名的 4P 营销理论。菲利普·科特勒于 1967 年在他的《营销管理:分析、规划与控制》一书中

---

[1] 吴建中.现代图书馆管理的热门话题(下).图书馆杂志,2004(9):18~23.

进一步确认了以 4P 为核心的营销组合方法。[1]

(一)4P 营销理论的具体含义

产品(Product):企业应注重开发产品的功能,把对产品的功能诉求放在首位,使产品具有独特的卖点。

价格(Price):企业应针对不同的市场制定出相应的价格策略,而产品的定价是企业品牌战略的体现,应注重品牌的价与质的相符度。

分销(Place):企业要注重对经销商的培育,注重销售网络的建立,企业与消费者的联系大都是通过经销商来进行的。

促销(Promotion):企业应改变销售方式,如打折、送券、送礼品、买一送一等,以刺激消费者,提高顾客的随机购买率和重复购买率,缩短顾客的购买决策时间,促使消费增长,从而使销售量增大。

(二)4P 营销理论的意义

4P 营销理论把影响企业营销活动效果的因素分为两种:一种是企业可以控制的因素,包括产品、价格、分销、促销等营销因素;另一种是企业不能够控制的因素,包括人口、技术、政治、法律、经济、环境、地理、道德等因素,即企业所面临的外部环境。营销活动的实质即是企业利用内部可控因素来适应、影响外部环境的过程,也就是通过对产品、价格、分销、促销的计划与实施,积极主动地对外部不可控因素做出反应,促使交易行为实现,从而实现企业的营利目的。简言之,就是公司要生产出恰当的产品,制定出恰当的价格,用恰当的分销渠道,实施恰当的促销活动,使公司获利。

---

[1] 市场营销 4P 理论[OL].[2012—6—18]. http://wenku.baidu.com/view/0562cf254b35eefdc8d333b6.html.

4P 营销理论把企业营销过程中众多因素概括成简单明了的四大因素,易于人们把握与实践,它搭建了管理营销的基础理论框架,成为人们普遍接受的营销理论之一。

二、4C 营销理论(The Marketing Theory of 4Cs)

随着市场经济的发展,竞争日趋激烈,使 4P 营销理论不断受到挑战与质疑。美国学者罗伯特·劳特朋(Robert Lauterborn)教授于 1990 年提出了与传统 4P 营销理论相对应的 4C 营销理论,4C 营销理论是对 4P 营销理论的继承与发展。

(一)4C 营销理论的具体含义

4C 分别指代顾客(Customer)、成本(Cost)、便利(Convenience)和沟通(Communication)。

顾客(Customer):企业在开发产品之前,首先必须了解和研究顾客,根据顾客的需求生产和提供适销对路的产品。企业通过提供产品和服务实现客户价值(Customer Value)。

成本(Cost):不仅包括企业的生产成本,还包括顾客的购买成本。顾客购买成本不仅包括货币支出,同时还包括顾客的时间、体力、精力的消耗,以及所承担的购买风险。产品定价应该低于顾客的心理价位,且能够使企业有所营利。

便利(Convenience):企业要在产品售前、售中和售后服务中,设身处地为顾客着想,站在顾客的角度,为顾客提供最大限度的购物与使用便利。

沟通(Communication):企业要积极有效地与顾客进行双向沟通,使企业与顾客之间不再是单向的促销与劝导的关系,而是建立在双赢互惠基础上的新型企业与顾客关系。

(二)4C 营销理论的意义

4C 营销理论注重以消费者的需求为导向,重点放在寻找消费需求、满足消费者需求方面。注重满足现实的和潜在的用户的个性化需求,培养用户的忠诚度。与 4P 营销理论相比,4C 营销理论有了很大的进步与发展。许多大企业从注重 4P 转而关注 4C,不断调整市场营销战略,创造了一个又一个奇迹。如"顾客永远是对的"是沃尔玛企业的基本价值观。

三、4R 营销理论(The Marketing Theory of 4Rs)

4R 营销理论是由整合营销传播理论的鼻祖,美国的唐·舒尔茨(Don E. Schuhz)在继承 4C 营销理论的基础上创立的新营销理论。4R 分别代表关联(Relevance)、反应(Reaction)、关系(Relationship)和回报(Reward)。

(一)4R 营销理论的具体含义

关联(Relevance):企业要占有长期稳定的市场,就必须提高顾客对企业的忠诚度,要通过营销策略的实施,在业务、需求等方面与顾客联系起来,把顾客与企业联系在一起,形成一种互助、互需的关系。建立并发展与顾客之间的长期友好合作关系是企业经营的核心理念和最重要的内容。

反应(Reaction):面对复杂多变的市场,企业必须针对顾客的需求而建立起快速反应机制,提高反应速度及回应能力。

关系(Relationship):现代市场营销要从交易营销转向关系营销,同顾客建立友好合作关系,通过与顾客建立长期稳定的友好合作关系实现长期拥有顾客的目标。

回报(Reward):就企业来说,营销的真正目标是为企业带来短期或长期的利润,即合理回报。一切营销活动都必须以为顾客及股东创造价值为目的。

(二)4R 营销理论的意义

4R 营销理论以关系营销为核心,即企业要采用更有效的方式在企业和顾客之间建立起一种有别于传统的新型关系,重视企业的内部与外部联系,通过整合企业内外部资源,多方建立关联,对需求能够快速响应,实现互动与双赢。4R营销理论提出了企业如何主动创造需求、长期拥有用户的营销方式。但4R营销理论的要求的条件较高,操作起来难度较大,见效比较慢。[1]

四、4P、4C、4R营销理论的关系

4P、4C与4R营销理论产生于不同的时代,三者之间是不断完善和发展的关系,而不是取代关系,不能把三者割裂开来,或者对立起来。在实际应用中,由于企业所处的行业、产品的特性、所面对的用户、营销任务等千差万别,因此,企业应根据自己的实际,灵活地选择营销理论及其组合。

第三节 我国高校图书馆营销现状及存在的问题

我国高校图书馆是高校教学与科研的三大支柱之一,也是高校综合实力的体现,属于非营利性机构。但是,高校图书馆长期以来习惯于传统的服务方式,被动地坐等用户上门,不像企业那样积极主动地向用户宣传和推送自己的产品与服务。如对馆藏资源没有制定行之有效的营销策略,使得用户不能够及时了解高校图书馆最新的信息资源产品与服务项目;对一些数据库特别是外文数据库不知如何使用,使馆藏资源没有被充分而有

---

[1] 余晓钟,冯杉.4P、4C、4R营销理论比较分析.生产力研究,2002(3):248~249.

效地利用,资源闲置现象严重。因此,高校图书馆应该积极引入营销管理理念,充分考虑高校用户的实际需求与潜在需求,自觉将营销策略运用到高校图书馆的实际工作中,以最大限度地发挥高校图书馆的作用。

为了解我国高校图书馆营销现状,笔者对"211工程"高校图书馆进行了网页调查及问卷调查,通过对调查结果的分析和总结,可以看出高校图书馆一般都具有一定的营销意识,如采取对新生入学培训、开设文献检索课、进行专场讲座(如北京大学图书馆的"一小时讲座")和网络自助培训、新书通报等措施推广图书馆的资源与服务;通过举行读者座谈会、读书月活动,开展读者荐购、读者问卷调查,编辑馆刊、馆讯等方式与读者沟通,以扩大图书馆的影响力。但这种营销意识尚处于较浅的层次,营销活动也不是常规性的。[1]

一、没有设立营销部门,没有专门人员开展营销工作

高校图书馆虽然都或多或少地开展了一些以服务推广为内容的图书馆营销之类的工作,但并没有设置营销部,也没有指定专人负责实施该项工作。目前,营销工作只是信息咨询部工作的一部分。[2]

但我们也欣喜地看到,有些高校图书馆的营销工作做得较好。如复旦大学图书馆参考咨询部专门成立了营销与推广小组,对图书馆的服务进行营销与推广。[3] 营销与推广小组开展

---

[1][2] 郑文晖.高校图书馆营销的实证调查与分析.图书馆建设,2009(5).

[3] 张明霞.高校图书馆营销问卷调查研究.图书馆学研究,2010(9):89~93.

的读者调查活动,调查了不同类型的读者群选择使用图书馆的主要目的、使用需求、对不同类型资源的了解和利用程度、对图书馆服务的满意程度等,从而增进了读者和图书馆之间的相互了解。[1]

二、尚未从营销管理的高度规划和实施营销工作

大多数高校图书馆进行的营销活动只是一种宣传活动,没有制定图书馆营销的长期战略规划,没有把图书馆营销工作作为一项常规工作来做。但也有一些图书馆开展的活动已成为常规工作,例如,北京大学图书馆是我国高校第一个开设系列讲座的图书馆,它办的"一小时讲座"活动,现已有12年的历史,有数万名学子受益。"一小时讲座"拥有一批具有丰富教学和实践经验的教师,有先进的教学设备,能答疑解惑,使读者即学即用。[2]笔者所在的淮南师范学院图书馆已连续3年开展丰富多彩的"读书活动月"活动。该活动已成为联系读者与图书馆的一条重要纽带,现已成为我馆的一个品牌项目。淮南师范学院图书馆也因此荣获中国图书馆学会"2011年全民阅读先进单位"奖。

三、对图书馆营销的重要性认识不足,缺乏营销知识与经验

高校图书馆的中高层管理者和一般馆员还没有树立起营销

---

[1] 徐一新,应峻.学术图书馆服务的变革与挑战——以复旦大学图书馆为例[OL].[2012—6—30]. http://wenku.baidu.com/view/6b320d83ec3a87c24028c443.html.

[2] 北京大学图书馆.一小时讲座[EB/OL].[2012—7—30]. http://lib.pku.edu.cn/portal/index.jsp.

理念,对营销的重要性认识不足。国际图联管理与营销分委会(简称 M&M)编撰的《营销定义术语词典》指出:"营销是个人和组织对其理念、产品或服务进行构思、定价、推广和提供的规划和实施过程,其目的是促进个人和组织目标的实现。"因此,"营销是一系列观念的组合,它必须整合到整个机构之中"。[1] 图书馆学教育中也没有专门的图书馆营销管理课程与专业培训,图书馆人缺乏营销知识与经验。正如美国资深信息营销专家休·鲁格所说:"对大多数图书馆而言,他们的困难是缺乏市场营销和销售技巧。"[2]

四、对营销效果缺乏评估

没有对已开展的营销工作进行评估。在一项营销活动结束之后,应该立即对其营销效果加以评估,以便发现问题与不足,及时调整营销计划,从而通过评估进一步推进营销工作的开展。

第四节 高校图书馆营销策略

高校图书馆要生存和发展,就必须提高馆藏信息资源的利用率,更好地满足读者对信息资源的需求。因此,高校图书馆应主动适应市场的变化,努力提高读者对高校图书馆信息服务与价值的认同度,制定并实行切实可行且行之有效的营销策略,使高校图书馆这一非营利性机构在激烈的市场竞争中得到发展。

---

〔1〕 张明霞.高校图书馆服务营销问卷调查研究.图书馆学研究,2010(9):89~93.

〔2〕 周晓英.论图书馆的市场经营.中国图书馆学报,2003(1):27~29.

一、在全馆范围内牢固树立营销观念

高校图书馆要做好营销工作,全体馆员必须要有营销意识,要在全馆范围内牢固树立营销理念,使图书馆全体员工真正认识到营销工作的重要性。高校图书馆的服务营销一般包括以下相关工作:新的公共关系的营造、对读者利用图书馆状况的调查、对读者满意度的调查、资源与服务的推广等。不能把营销工作看作哪一个部门、哪几个人的事情。整个营销运行过程只有依靠部门之间的通力配合,全馆工作人员共同参与,才能达到最佳的营销效果。高校图书馆的营销工作不只是单纯地引入营销经营的管理策略与管理手段,更重要的是要改变传统的思维定势,彻底改变传统图书馆的办馆模式与管理方式,把营销理念作为贯穿高校图书馆各工作环节的指导思想,使全馆人员积极主动地围绕读者需求开展各种活动,从而提高图书馆的服务能力和服务效率。

二、设置营销部门

高校图书馆要作好营销工作,就必须设立营销部门。[1] 营销部配备既能掌握现代营销技能、具有丰富营销经验,又了解图书馆资源与服务的特性、具有一定的图书馆工作经验的专职人员,才能使高校图书馆营销工作走向正规化、长期化、常态化。[2]

---

[1] 李雪原.国内外高校图书馆营销比较研究.图书馆工作与研究,2012(2):20~23.

[2] 张明霞.高校图书馆服务营销问卷调查研究.图书馆学研究,2009(9):89~93.

三、研究高校图书馆自身及其服务对象的特点

知己知彼,百战不殆。高校图书馆要做好营销工作,首先必须了解自身及其服务对象的特点。高校图书馆分属于不同的高校,而各高校的学科专业不同,如有的高校是综合性的、有的是偏社科类的、有的是偏理工类,这必然导致高校图书馆收集文献资源的侧重点不同;并且由于高校图书馆处于不同的地区,其馆藏文献资源必有一定的地方特色。所以,各高校图书馆具有各自不同的特点,具有自身的优势与劣势。高校图书馆一定要知道自己的特点,清楚自身的优势与劣势,这样才能在营销中做到扬长避短。高校图书馆的服务对象可以概括为三大类:第一类是校内师生员工,这是高校图书馆服务的主体,数量众多。他们利用图书馆主要是获取教学、科研及休闲所需的信息资源。要做好这类读者的服务工作,需要有充足的信息资源作保证,并有良好的读书环境。但由于大学生所学的专业、所在的年级不同,因此,其借阅目的也不同,如毕业班的同学关注考研方面的图书比较多。另外,不同专业的教师其借阅的目的也不同。因此,对这类读者也要加以细分。第二类是校内重点科研项目的研究人员。这类读者对信息资源的要求较高,是图书馆的重点读者,高校图书馆应对其进行跟踪服务。[1] 第三类是社会读者。这类读者是高校图书馆为了提升社会服务功能而服务的对象,是图书馆营销的主要对象。应通过宣传与服务,让公众更多地了解并利用图书馆,从而提升高校图书馆的社会效益,彰显高校图书馆的社会价值。

每个高校图书馆都要在充分了解自身特点和优劣势及服务

---

[1] 王嵘.高校图书馆服务营销策略分析.图书情报工作,2008(6):128~130.

对象的特点的基础上,针对不同服务对象实施有差异的营销策略,使服务对象能够更好地利用高校图书馆。

四、根据实际需要灵活选择不同的营销理论及其组合

现代营销理论有很多种,如产品开发理论、产品包装理论、定价策略理论、品牌策略理论、公关策略理论等,而 4P、4C、4R 是三大经典营销策略组合理论。高校图书馆应根据实际情况灵活地选择和运用不同的营销理论及其组合。

高校图书馆实施服务营销策略,可以按服务专题对文献信息资源进行组合、整理,开发出多层次、多方位的产品,为不同类型的读者提供多元化的信息产品,以满足不同读者的不同需求。应根据不同读者的不同需求,提供具有个性化的服务,从而实施高校图书馆服务营销;高校图书馆利用 4P 营销组合理论,能够把产品、价格、渠道与促销四个方面有机地统一起来。产品方面主要是指提供给读者的文献信息资源及服务,价格方面主要是指读者获取文献信息资源需要花费的时间成本,渠道方面主要是指读者获取文献信息资源的途径,促销方面主要是指高校图书馆对文献信息资源的价值与所开展的服务所实施的宣传。

五、采取多种手段推销高校图书馆的产品与服务

要使用媒体(如校报、校刊等)报导、人员宣传、读者营销、品牌营销、口碑营销、事件营销(如对社会热点加以宣传)、网络营销等多种手段来推销图书馆的产品或服务。美利坚大学图书馆(2005 年 ACRL 最佳营销奖获得者)的营销方式多种多样。如他们使用美国图书馆协会的注册商标(@yourlibrary)来标识其服务,免费分发印有"@yourlibrary"的水杯、书签、便条纸、文化

衫等小礼物,在新生手册、学生社团的报纸、各院系刊物,以及学校网站等处标注@yourlibrary信息;在校园人流密集处、校车上及宣传栏内张贴@yourlibrarym系列的主题海报,其中在宣传馆际文献传递服务的海报中引用该校知名教授对图书馆的赞扬性评论。另外,馆员还为每个新生寄一封"来自图书馆员的信",以馆员个人的身份为新生介绍该馆的资源与服务,并由馆员亲自签名,留下个人联系方式。他们也注重媒体营销。如在校报《美利坚周刊》、学生报纸《鹰》,以及校广播电台刊登或播出图书馆资源推介与服务、读者评价等文章,使读者对图书馆的信任度大大增强。美利坚大学图书馆以这些极具亲和力的方式引导读者逐步参与到图书馆的服务中来,从而使高校图书馆"传播知识,服务育人"的社会功能得以充分实现。[1]

六、加强对高校图书馆营销工作的评估

高校图书馆的营销工作是否达到预定目标,需要通过评估来检验。评估是对营销方案本身及营销活动效果进行评价估量,分析营销活动对提高读者的满意度和提升图书馆形象所起作用的大小。对营销方案主要是从营销成本、宣传模式等方面加以评估,对营销效果主要是从营销活动对读者满意度的影响、对读者利用高校图书馆文献信息资源的影响,以及对高校图书馆公众形象的影响等方面加以评估。评估高校图书馆营销工作,其目的是了解营销的有效性,控制营销的成本、总结营销的经验与教训,从而有效改进营销工作,使营销工作对高校图书馆的建设与发展起到更大作用。

---

[1] 曾尔雷.美利坚大学图书馆营销活动及其启示.情报理论与实践,2008(1):158~160.

第十章
知识产权保护
——高校数字图书馆建设中不可回避的问题

随着计算机技术、网络技术的迅猛发展,我国数字图书馆事业得到快速发展,高校数字图书馆建设更是方兴未艾。我国高校数字图书馆建设的发展目标是逐步实现馆藏文献资源数字化和特色化,最终建成全球性的特色数字图书馆。数字图书馆虽然极大地拓宽了文献信息交流与共享的时空范围,但在数字图书馆建设与使用过程中也不可避免地引发了许多知识产权问题,数字图书馆的侵权事件经常发生,给现有的知识产权制度带来很大冲击与挑战。因此,数字图书馆的知识产权保护问题已引起广泛关注,且成为当前图书馆学界研究的热点之一。

高校数字图书馆建设的知识产权问题主要包括信息资源建设、信息资源传播与信息资源服务三个方面。高校数字图书馆建设的关键是信息资源建设。本章主要研究高校数字图书馆信息资源建设中的知识产权问题及其对策。

第一节　高校数字图书馆信息资源建设中的知识产权问题

一、高校数字图书馆与知识产权

美国人沃尔夫最先使用"数字图书馆"(Digital library)这一术语。数字图书馆是指在网上传递和检索各种数字化文献信息的中心或数据库。知识产权是公民和法人对其在科学与文学等领域内创造的精神财产及智力成果依法享有权利的总称。

高校图书馆从传统图书馆发展为数字图书馆,其功能在新技术环境下得到扩展与提升,使信息的传播及交流更加及时。知识产权制度建立的目的就是通过对智力成果的保护,起到鼓励创造发明、繁荣社会物质与精神文化的作用。故知识产权与高校数字图书馆在根本目标上是一致的。但是,如何处理好数字图书馆信息的共享性和知识产权的独占性、社会公共利益的保障和个体利益的维护等问题,则涉及知识产权问题。因此,为保护知识产权,各国著作权法中都规定了法定许可制度、合理使用制度和著作权集体管理制度。

二、高校数字图书馆信息资源建设的知识产权问题

高校数字图书馆信息资源建设主要包括三部分:馆藏文献数字化、自建数据库和购买数据库。要做好这些工作,就要处理好知识产权问题,否则,数字图书馆有随时被告上法庭的危险。

(一)馆藏文献数字化的知识产权风险分析

1. 馆藏文献数字化是一种复制行为

目前,馆藏文献数字化的主要方式是通过对图书、期刊、报纸等纸质文献的文本扫描而转换成 PDF、JPG 等格式,并存储于计算机中。就技术角度来说,馆藏文献数字化只是对馆藏文献的形式进行转换,改变的只是文献的载体,而没有产生新的文献,数字化前后的文献仍是同一种文献,因此,数字化后形成的文献的著作权应仍属于数字化前的文献的著作权人,其权利的主体不应改变。据此可知,馆藏文献的数字化属于一种复制行为。

中国著作权法已经明确规定文献数字化为复制行为。1999年 12 月 9 日由国家版权局公布的《关于制作数字化制品的著作权规定》第二条规定:将已有作品制成数字化制品,不论已有作品以何种形式表现和固定,都属于《中华人民共和国著作权法实施条例》所指的复制行为,即《中华人民共和国著作权法》所称的复制行为。[1][2]

2. 我国现行的法律、法规对馆藏资源数字化的知识产权要求逐步放宽

《中华人民共和国著作权法》、《信息网络传播权保护条例》与《数字图书馆资源建设和服务中的知识产权保护政策指南》对馆藏资源的数字化要求已逐步放宽。

对于图书馆的复制行为,《中华人民共和国著作权法》在第

---

[1] 关于制作数字化制品的著作权规定[OL]. 2001—10—30. http://law.lawtime.cn/d627253632347.html.

[2] 温泉. 版权问题与图书馆特色数据库建设. 农业图书情报学刊, 2011(2):144~147.

二十二条规定,图书馆为陈列或者保存版本的需要,复制本馆收藏的作品,可以不经著作权人许可,不向其支付报酬,但应当指明作者姓名、作品名称,并且不得侵犯著作权人依照本法享有的其他权利。由此可见,高校图书馆把馆藏文献数字化这一复制行为是合法的,没有侵权。但是,若数字化馆藏的目的,仅仅是陈列或者保存本馆资源版本的需要,则馆藏文献数字化的意义便大打折扣,这种规定束缚了数字图书馆的手脚。

而随着 2006 年 7 月 1 日起施行的《信息网络传播权保护条例》的颁布,这种情况有了改善。其第七条规定,图书馆、档案馆、纪念馆、博物馆、美术馆等可以不经著作权人许可,通过信息网络向本馆馆舍内的服务对象提供本馆收藏的合法出版的数字作品和依法为陈列或者保存版本的需要以数字化形式复制的作品,不向其支付报酬,但不得直接或者间接获得经济利益。而为陈列或者保存版本需要以数字化形式复制的作品,应当是已经损毁或者濒临损毁、丢失或者失窃,或者其存储格式已经过时,并且在市场上无法购买或者只能以明显高于标定的价格购买的作品。[1] "通过信息网络向本馆馆舍内服务对象提供本馆收藏的合法出版的数字作品和依法为陈列或者保存版本的需要以数字化形式复制的作品,只要不以营利为目的,可以不向版权所有者支付报酬",这比《中华人民共和国著作权法》的规定又放宽了一些。进行数字化的作品仅是"已经损毁或者濒临损毁、丢失或者失窃,或者其存储格式已经过时,并且在市场上无法购买或者只能以明显高于标定的价格购买的作品"。而对新发行、能够以不高于标定的价格购买到的具有著作权的图书,则不能够进行

---

[1] 信息网络传播权保护条例[OL].[2011—06—10]. http://www.ncac.gov.cn/cms/html/205/1872/200701/671741.html.

数字化。

于2010年7月15日颁布的《数字图书馆资源建设和服务中的知识产权保护政策指南》第九条对馆藏文献数字化进行了明确规定:对于已过权利保护期的作品,可以根据需要进行数字化,但必须尊重作者的署名权、修改权、保护作品的完整权。对于仍处于权利保护期的作品,为了保存版本和课堂教学或科研的需要而对其进行数字化转化,应当按照《中华人民共和国著作权法》和《信息网络传播权保护条例》关于合理使用的规定进行数字化处理,可不经著作权人许可,不向其支付报酬,但应当指明作者姓名、作品名称,并且不得侵犯著作权人依照本法享有的其他权利;若是为了提供服务的目的而将其进行数字化转化,则需获得著作权人授权。[1] 由此可见,为了保存版本和课堂教学或科研的需要而将馆藏进行数字化转化是不侵权的,这比《信息网络传播权保护条例》的规定又宽松了一些。

3. 馆藏资源数字化主要有三种情况

(1)被著作权法保护且未过保护期的资源

按照《中华人民共和国著作权法》第二十一条、第三十六条、第三十八条、第四十二条和《数字图书馆资源建设和服务中的知识产权保护政策指南》第九条的规定,高校图书馆可以对在保护期内的资源进行数字化,但只能通过信息网络向本馆馆舍内的服务对象提供本馆收藏的合法出版的数字作品和依法为陈列或者保存版本的需要以数字化形式复制的作品。若为了提供服务

---

〔1〕 数字图书馆资源建设和服务中的知识产权保护政策指南[OL].[2012—06—20]. http://ishare.iask.sina.com.cn/f/22272100.html.

的目的而将其进行数字化转化,则需获得著作权人授权。[1]

(2)被著作权法保护但已过保护期的资源

超出著作权法规定的权利保护期之外的作品,即为进入公有领域的作品。这类作品除仍有署名权、修改权和保护作品完整权这三项精神权利外,其他著作权利均不再受著作权法保护,任何自然人、组织都可以以适宜的方式对其进行开发利用。因此,图书馆对其进行数字化是不会引起知识产权争议的。

(3)不受著作权法保护的资源

包括法律、法规和国家机关的决议、决定、命令及其他具有立法、行政、司法性质的文件,以及官方正式译文、时事新闻、历法、通用数表、通用表格和公式。对这类资源,图书馆对其进行数字化,则不会引起知识产权争议。

从以上三点分析可以看出,高校图书馆对馆藏纸质文献进行数字化转换,要区别对待不同资源:对于超过著作权保护期及不受著作权保护的文献资源可以放心使用,但对处在保护期内的文献资源,则要根据相应的法律、法规及与出版社、作者等签订的协议加以使用。

(二)自建数据库的知识产权风险分析

高校数字图书馆的自建数据库主要有书目、文摘、全文与专题等数据库,这些数据库的内容大都来源于图书、期刊、学位论文、专利、会议论文、特色馆藏、网络资源等,而这些资源中受到版权保护的占有很大比例。所以,在建立数据库时,对数字资源的内容要认真确认其著作权的归属问题,对版权作品的搜集与利用,要在现有的知识产权法律框架下进行,严格遵循"合理使

---

[1] 数字图书馆资源建设和服务中的知识产权保护政策指南[OL].[2012—06—20]. http://ishare.iask.sina.com.cn/f/22272100.html.

用"、"法定许可"的原则;若使用超出界限的作品,则需取得著作权人的许可;对免费网站、免费电子期刊等网上免费信息资源的收集、下载与链接,需要注明资源的制作者和出处,不能改变著作权信息;对本馆已购买的商业数据库的链接使用,也必须事前得到该数据库权利人的授权。另外,还要提醒用户按照著作权法的规定使用这些资源。通常的做法是添加著作权通告,用户要进入该数据库,必须阅读并同意该通告。

对于自建数据库,如果在内容的选择或者编排方面具有独创性,那么该数据库即为汇编作品,因此该数据库的开发者对整个汇编作品享有著作权,只是在行使著作权时,不能侵犯数据库内容,如作品、作品片段或者不构成作品的数据及其他材料的权利人的著作权。高校图书馆对自建数据库,特别是利用馆藏特色资源所建立的数据库应采用 DRM、水印技术等进行版权保护,以避免引起版权争议。[1]

(三)使用购买的数据库的知识产权风险分析

近年来,高校图书馆因使用购买的数据库即商业数据库而被告上法庭的事件不断发生,这是由于数据库生产商被告上法庭,而高校图书馆作为购买与使用数据库的第三方而被牵连的原因。如李昌奎告湖南行政学院、北京世纪超星信息技术发展有限责任公司和北京超星数图信息技术有限公司案;周大新诉北京世纪超星信息技术发展有限责任公司、对外经济贸易大学侵犯著作权纠纷案;樊元武等与上海图书馆、清华大学著作权侵权纠纷案。虽然上述几个案例中高校最终没有承担任何民事责任,但毕竟使高校图书馆花了大量的时间、精力和费用去处理这

---

[1] 王孝亮.江苏省高校图书馆自建数据库问题综述.情报探索,2009(12):72~74.

方面的问题,也给高校图书馆带来了很大的困扰。这也警示高校图书馆在购买数据库时,要考虑其版权,要通过选择资信好的数据商、签订严谨的合同等多种途径来规避知识产权风险;在发现知识产权侵权问题时,可通过删除侵权作品等措施加以补救,使高校图书馆尽可能避免侵权。[1]

第二节 高校数字图书馆信息资源建设中的知识产权保护策略

一、积极争取法律、法规对数字图书馆建设做出更宽泛的规定

我国高校数字图书馆建设发展迅速,因此,国家要不断发展与完善知识产权法律、法规制度,针对高校图书馆非营利性特点,对其数字图书馆信息资源建设做出更宽泛的规定,使高校数字图书馆信息资源建设中的知识产权保护有法可依,从而促进高校数字图书馆建设的健康发展。

二、立足现有的法律、法规条文,充分利用"合理使用"、"法定许可"的基本原则

在高校数字图书馆信息资源建设中,要明确哪些属于合理使用范畴,哪些属于法定许可范畴。例如《中华人民共和国著作权法》第二十二条的规定,即为合理使用,第二十三条、第三十二条、第三十九条、第四十二条、第四十三条即为法定许可。"合理

---

[1] 图书馆在购买网络数据库产品中关于知识产权方面的连带责任的认识[OL].[2011—06—9]. http://blog.sina.com.cn/s/blog_4c725fcc0100vmib.html

使用"、"法定许可"二者之间的区别：对于"合理使用"的资源，使用者不需要另外付费；对于"法定许可"的资源，使用者则需要另外付费。高校数字图书馆要充分利用"合理使用"、"法定许可"这些原则来充实数字图书馆的资源。

三、使用多种技术手段，加强对高校数字图书馆信息资源建设的知识产权保护

为了有效防止他人未经授权访问高校数字图书馆，应在高校数字图书馆信息资源建设中采用防火墙技术、密码技术和数字水印技术等访问控制技术，来确定读者对数字图书馆访问的权限资格，并对一些敏感通信线路实施严格监控，对未经授权的访问加以抵御，从而有效控制复制、修改、删除，以及上传信息资源的行为，确保数字资源能够被正当使用。[1]

四、加强馆员知识产权培训，设立知识产权专职岗位

要做好高校数字图书馆信息资源建设，就必须做好对馆员的知识产权培训工作，培养馆员的知识产权保护意识。要设置专门的岗位、配备专人负责数字图书馆的知识产权工作。还要开展读者信息素养教育工作，对终端用户的行为要用提醒、告知等方式，避免用户侵权。[2]

目前，高校数字图书馆的知识产权保护问题还没有得到足够重视，而知识产权问题又是高校数字图书馆建设与发展中的

---

[1] 金桂萍.高校图书馆数字化建设中面临的知识产权问题及对策.内蒙古电大学刊,2012(3):57～58.
[2] 数字图书馆资源建设和服务中的知识产权保护政策指南[OL].[2012—06—20]. http://ishare.iask.sina.com.cn/f/22272100.html.

重要的不可回避的问题,并且贯穿于高校数字图书馆建设与发展的始终。因此,要加强对高校数字图书馆的知识产权的理论研究与实践探索,把法律、技术、管理三者有机地结合起来,提高高校数字图书馆知识产权保护的意识与能力。[1]

---

[1] 佘维.图书馆数字化建设中的知识产权保护研究.中南大学硕士学位论文,2009:72~73.

第十一章
如何当好新时期高校图书馆馆长

第一节 高校图书馆馆长的工作职责与素质要求

馆长是高校图书馆的最高决策者。俗话说,"火车跑得快,全靠头来带"。馆长的素质、经验和能力对高校图书馆的发展起着至关重要的作用。人们常说"三长治校",即高等学校由总务长、教务长和图书馆长共同治理学校,这充分说明馆长在高校中的地位非常重要。当今,高校图书馆正处在变革与发展的关键时期,更需要一个高素质、高水平的馆长来领导。

一、高校图书馆馆长的工作职责

教师队伍、实验室和图书馆是学校的三大支柱。高校图书馆是学校的文献信息中心,是为教学和科学研究服务的学术性机构。因此,高校图书馆的建设和发展应与学校的建设和发展相适应。高校图书馆馆长统领着图书馆的行政管理与业务管理,是图书馆进行业务研究和学术研究的领军人物。馆长的主要职责包括:在校(院)长的领导下,依据国家教育部颁布的《普通高等学校图书馆规程(修订)》,根据高校的定位及发展规划,拟定图书馆的战略规划,制定年度及阶段性工作计划并组织实施;全面主持图书馆工作,带领全馆工作人员积极完成馆里及学校布置的各项任务;确定图书馆内部组织机构设置,制定规章制度;确定岗位职责,对部门负责人进行选拔及考核,对其他工作人员进行聘任与管理;监督本馆各部门工作任务的完成情况,考核本馆工作人员的政治思想与业务水平;做好本馆工作人员的政治思想、业务培训及职称评聘工作等。

二、高校图书馆馆长的素质要求

高校图书馆馆长要出色地履行自己的工作职责,就必须具备过硬的思想政治素质、良好的专业素质和较高的管理能力。

(一)思想政治素质

高校图书馆是大学的心脏,是学生的第二课堂,肩负着培养人、教育人的重任。高校图书馆要在信息资源建设、信息服务及日常的行政事务中全心全意地为广大师生的教学和科研服务,正确引导、教育学生,就需要馆长具有过硬的思想政治素质。

作为馆长,一定要牢固树立正确的人生观、权力观、利益观,认真贯彻落实学校的教育方针、政策,自觉遵守法律法规、职业道德与行为规范,服从学校的发展大局,恪尽职守,爱岗敬业;正确使用手中的权力,廉洁自律,同各种腐败现象作坚决的斗争。

近年来,随着国家对高等教育投入力度的逐步加大,各高校图书馆所得到的文献资源建设经费亦在逐年增加,促进了高校图书馆事业的发展。但由于竞争激烈,一些书商、数据商为了获得高校图书馆这样的大客户,就千方百计地讨好、拉拢图书馆的最高决策人——馆长,于是,有些馆长经不住金钱的诱惑,致使违法违纪案件时有发生,给高校及其图书馆造成了极坏的社会影响。

(二)业务素质

通晓图书馆学专业知识。高校图书馆馆长应该了解和掌握丰富的图书馆学专业知识,精通图书分编、流通阅览、数字资源建设、信息资源的检索与使用、参考咨询、图书馆联盟、信息资源共建共享等方面的业务,能够按照图书馆发展的客观规律办事。[1] 这样的馆长才能够领导高校图书馆的各项工作,带领图书馆更好、更快地发展。

(三)管理素质

高校图书馆馆长负责图书馆的管理工作,因此,他们必须具有较高的管理能力,包括决策能力、组织与协调能力、激励能力等。

1. 决策能力

所谓"决策",是指个人或者组织为实现一定目标,采用一定的科学方法与手段,从多个方案中选定最优方案的过程。决策是领导者的主要职责之一,决策是否正确,对一个单位的建设与发展起着至关重要的作用。一个领导者的决策水平是衡量其领导能力的最重要的标志。1981年,在德意志民主共和国莱比锡召开的国际图联(IFLA)大学图书馆分会上,与会各国专家达成共识:"大学图书馆工作的好坏,关键在于馆长的事业心和他的决策与管理能力。而决策与管理又必须符合图书馆的实际,符

---

[1] 王鑫平,夏侯云.试论提高高校图书馆馆长领导力的途径.科技广场,2007(10):130~132.

合图书馆工作的客观规律。"[1]高校图书馆馆长在图书馆的发展与建设的重大问题上,应该广泛征求馆员的意见,特别要征求专家的意见,从而做出科学的决策,使图书馆健康发展。

2. 组织与协调能力

组织能力是指馆长为了实现决策目标,把相关要素与相关环节科学、高效地组织起来的能力。协调能力是指馆长要协调好学校各部门与图书馆之间,图书馆各部门之间、各岗位之间及馆员之间的关系,能够充分调动馆员的工作积极性,使大家为实现决策目标而密切配合、统一行动。

3. 沟通能力

馆长是图书馆与校系领导之间、图书馆与读者之间、图书馆领导与馆员之间的桥梁与中介。沟通能力是馆长不可或缺的重要能力。馆长通过有效的沟通,不仅使校系领导能够提高对图书馆工作重要性的认识,使图书馆在人、财、物上能够得到大力支持,为图书馆的生存和发展创造良好的条件,而且能够了解师生的文献信息需求,从而更好地满足师生的文献信息需求。还能使馆长和副馆长之间、馆长与部主任之间、馆长与普通员工之间相互了解,增进感情,消除隔阂,在馆内营造出和谐、宽松的氛围,从而使图书馆工作能够更好地开展,工作效率得到提高。

4. 激励能力

激励即激发、鼓励,是管理的重要方法之一。激励有物质激励、精神激励、内在激励与外在激励之分。激励要以组织成员的需求为出发点,对不同的需求实施不同的激励方式。在高校图书馆中,馆长应该根据不同情况、不同场合,对馆员的不同需求

---

[1] 刘正怀,李文学. 谈21世纪高校图书馆馆长. 情报杂志,2000(5):100~101.

采取不同的激励方式。如对于经济困难的馆员,可采取物质激励方式;对那些喜欢挑战的馆员,可把具有一定挑战性的工作交给他们,使馆员通过努力完成任务,从而使馆员体验到自身的价值,有成就感,以达到对其激励的目的;对于那些学术上要求进步的馆员,可以让他们有机会去参加各种学术研讨会,给他们创造外出培训的机会等。

第二节 高校图书馆馆长队伍现状及素质提升措施

一、我国高校图书馆馆长队伍的现状

(一)馆长队伍专业素质整体不高,外行领导内行现象普遍存在

图书馆有着自身的发展规律,图书馆的管理有其专业性与独特性。当今,我国高校图书馆馆长们所学的专业多是以文史类、理工类为主,只有少部分是学图书情报学专业的。大多数馆长没有受过图书馆学专业训练,甚至没做过图书馆工作。由非图书情报学专业的专家、教授担任馆长,虽然在提高图书馆在学校的地位、改善馆藏文献资源结构等方面发挥了一定作用,但这些馆长大都不愿意放弃自己的专业研究及教学工作,也不愿意花时间学习图书馆学专业知识,而是把主要精力仍放在专业研究和教学上。并且馆长的任职时间一般都不长,更换频繁。这种教授担任馆长的现象总的说来是弊大于利,不利于我国高校图书馆事业的长期健康发展。

(二)馆长队伍协调能力不足,领导班子不团结现象较多

有些馆长缺乏协调能力,处理不好与上级、同级及下级之间的关系。例如,某馆长与分管校长关系不融洽,导致学校对图书馆的支持力度降低;某馆长与副馆长不团结,导致图书馆管理工作混乱等。

二、提高高校图书馆馆长素质的措施

(一)提高高校图书馆馆长的任职资格条件,从源头上对馆长素质进行把关

1956年12月,我国颁布《中华人民共和国高等学校图书馆试行条例(草案)》,但对馆长的任职资格没做要求。1987年,国家教委颁布了《普通高等学校图书馆规程》,文件规定:馆长应有较高的科学文化水平。但这种要求还是比较模糊,没有具体说明。2002年颁布的《普通高等学校图书馆规程(修订)》规定:馆长和主管业务工作的副馆长必须具有高级专业技术职称或具有硕士以上学位。对馆长的任职资格做了明确的规定。但和国外的高校图书馆比,我国高校图书馆馆长的任职资格还较低。例如,美国1979年颁布的《大学图书馆标准》中规定:馆长最低学位须是从美国图书馆协会承认的一所图书馆学校毕业,并获得硕士学位。目前,美国高校图书馆馆长90%以上是图书馆学博士或者硕士。[1] 随着我国图书情报专业教育的不断发展,一大批图书情报专业的硕士与博士被输送到高校图书馆,使高校图书馆的专业素质及管理水平有了很大提升,相信有越来越多的馆长会从图书馆员中涌现出来。

---

〔1〕 王芬,朱建亮.大学图书馆馆长任职资格研究.大学图书馆学报,2005(6):29~32.

(二)高校图书馆馆长由任命制改为招聘制

图书馆的兴旺发达是和馆长密不可分的。我国高校图书馆馆长,主要是上级部门任命的,绝大多数馆长没有图书馆学专业学位,且很大一部分馆长在任命之前不熟悉图书馆工作,没有从事图书馆工作的实践经验。这种外行领导内行的局面,已不能适应现代信息技术环境下高校图书馆的发展,严重制约着高校图书馆的变革与发展。时代呼唤新型馆长,即专业型、学术型的馆长。高校图书馆必须改革现行的行政任命馆长的做法,从全国乃至全世界范围内公开招聘,真正把热爱图书馆工作、了解图书馆工作,既具有图书馆学理论知识与图书馆实践经验,又具有现代管理能力,敢于开拓创新的图书馆高级管理人才选拔到高校图书馆馆长的位置上来。这样,我国高校图书馆事业才能蒸蒸日上,不被时代所抛弃。[1]

(三)采取多种形式进行"充电",不断提升馆长的素质

1. 参加图书情报硕士研究生进修班学习

目前,我国大部分高校图书馆馆长具有高级专业技术职称,但具有图书馆学情报学专业的高级职称的很少。因此,对于非图书馆学情报学专业毕业的馆长,应通过参加图书情报硕士研究生进修班等形式获得图书情报学专业学位,以提高学位层次与专业水平。

2. 积极参与图书情报机构举办的学术交流、短期培训等,提高馆长的学术水平

现在,图书情报机构经常举办一些学术研讨会、短期培训及出国进修等。馆长们要积极参与各类图书馆方面的培训与研

---

[1] 余侠.WTO环境下图书馆面临的挑战和对策.大学图书情报学刊,2002(3):36~37.

讨,一定要走出去,看看国内外的图书馆都在干什么、是怎么干的。学术界常说"收获更在会外",通过外出学习,能接触到许多专家、同行。要努力学习同行们先进的服务与管理经验,使自己的视野、思路开阔,从而带领馆员们更好地为读者提供服务,提高高校图书馆的服务质量与水平。

3. 坚持自学,不断拓展知识的广度与深度

自学是高校图书馆馆长提高素质和能力的重要途径,通过自学可以获得所需要的各种知识。要养成每天学习的良好习惯,坚持把自学作为自己生活中必不可少的内容,并采取适合自己特点的学习方法自学。要根据自己工作的需要来确定学习内容,使所学的内容更具有针对性。同时注重知识结构的合理性及知识内容的广泛性。要努力做到学以致用,以用促学,学用相长。

4. 善于在实践中学习

实践出真知,实践出才干。要善于在实践中学习。要勇于承担重任,愿意做开拓创新的工作;要经得起挫折,总结经验,从而使思想更加成熟,意志更加坚强,专业水平与管理能力不断提高,胸襟更加宽广。

5. 组织上的培养是馆长素质与能力提升的重要方式

学校的组织人事部门要通过多种渠道、多种方式对馆长进行任职前培训、转岗培训、岗位培训等,要从制度、政策上加以引导,采取有效措施,为馆长的培养、锻炼提供条件。

为了促进21世纪高校图书馆的变革与发展,一定要注重对馆长素质与能力的要求与培养,馆长的素质与能力直接关系高校图书馆的兴衰。高校图书馆只有在懂行、知理、笃行的馆长的带领下,才能与时俱进、健康发展。

附录 1
中华人民共和国高等学校图书馆试行条例（草案）
（一九五六年十二月）

第一章 性质与任务

第一条 高等学校图书馆是为教学和科学研究服务的学术性机构。

第二条 高等学校图书馆的主要任务是：

（一）搜集供应教师、学生、科学工作者及其他工作人员所需的书刊、资料。

（二）统一管理全校（院）的图书工作，以科学方法进行分类、编目、流通与保管，并开展参考工作，使书刊得以充分利用。

（三）通过书刊、资料宣传马克思列宁主义及党和国家的政策法令。

（四）培养图书馆的专业干部，并进行图书馆学的科学研究工作。

第二章 组织机构及其职责

第三条 高等学校图书馆设馆长,领导全馆工作。

第四条 高等学校图书馆一般应设立下列机构:

(一)采录部(组),主要职责如下:

1. 书刊、资料的预定和选购;

2. 书刊、资料的交换和赠送;

3. 书刊、资料的验收、登录和注销。

(二)编目部(组),主要职责如下:

1. 书刊的分类和编目;

2. 根据需要与条件,编制各种目录;

3. 新书报道;

4. 宣传使用目录的方法。

(三)流通管理部(组),主要职责如下:

1. 书刊的出纳;

2. 馆际互借;

3. 管理阅览室;

4. 书刊的典藏、保养及修补。

第五条 高等学校图书馆应根据具体情况和发展规模,逐步分设或增设下列各机构:

(一)办公室(或秘书)。主要职责为:协助馆长制定计划、检查及总结工作;办理人事、文书、统计及总务工作;组织会议及汇报工作;办理内外联系与接待工作;处理读者意见;处理不属于各部的其他工作。

(二)采录部(组)。主要职责为:根据各校(院)的性质、教育和科学研究的计划，征集各种书刊、资料；进行书刊、资料的交换和赠阅工作；进行书刊、资料的验收、登录及注销工作；汇集科学出版情报。

（三）编目部（组）。主要职责为：编制分类目录、著者目录及书名目录，并加强分析参照工作；编制标题目录及专题目录，并开展书目提要工作；编制新书目录。

（四）参考阅览部（组）。主要职责为：管理各种阅览室及总目录室工作，指导读者利用书刊、资料及各种书刊卡片目录；组织开展各种书刊、图片的展览和读者座谈会工作；进行新书陈列及书刊推荐工作；解答读者有关教学和科学研究的参考资料问题。

（五）流通保管部（组）。主要职责为：掌握全部图书的出纳工作；统一办理图书的馆际互借工作；进行图书的典藏、保护及修补工作。

（六）期刊部（组）。主要职责为：办理期刊的选订与补缺；进行期刊登录、陈列和推荐工作；搜集期刊索引；进行期刊的整理和装订准备工作；编制期刊目录；进行期刊的阅览和典藏工作。

（七）方法研究部（组）。主要职责为：进行图书馆学的科学研究，并组织辅导本馆各单位图书馆学的研究；了解有关专业科学研究情报；编制各种专题书目和索引；帮助有关图书馆提高业务。

（八）特藏部（组）。图书馆应视具体需要，将善本、稿本、精抄精校本图书或地图、乐谱、金石拓片、档案、图片、照片、显微书影等需要特殊管理与使用方法者划为特藏。特藏部掌管所藏图书资料的分类、编目、阅读、典藏工作；解答读者关于所管图书资料范围内的咨询工作；并办理书刊、资料的复制工作。

第六条　规模较大的图书馆,在需要与可能的前提下,可由一系或数系设立专业分馆,与资料室分工合作(但资料室不得积压书刊)。分馆的职责如下:

1. 管理专业图书之阅览流通工作;

2. 进行其专业范围内的书目咨询工作;

3. 服务对象主要为有关系或有关各系的教师、进修教师、研究生及撰写毕业论文或学年论文的本科生;

4. 分馆图书由总馆统一采购、分类、编目并统一调配;

5. 分馆的工作受总馆的领导。

第三章　人员编制及待遇

第七条　各校图书馆应根据读者人数和图书册数并参照学校的性质、系科的设置、教学和科学研究任务的繁简、校舍的集中与分散等情况配备必需的干部及技术工人。

第八条　图书馆设馆长 1 人,并视需要设副馆长 1—3 人,设办公室主任(秘书)、部主任(组长)、馆员和助理馆员若干人。

第九条　正、副馆长由高等教育部根据校(院)长之提名任免之。馆长受校(院)长或科学研究副校(院)长直接领导。

第十条　办公室主任(秘书)及部主任(组长)由校(院)长根据馆长之提名任免之。

第十一条　为了开展图书馆学的科学研究工作,图书馆对员工应设研究员、副研究员、助理研究员、实习研究员职称。研究员、副研究员由校(院)长提名,高等教育部批准之;助理研究员、实习研究员由馆长提名,校(院)长批准之。

第十二条　图书馆工作人员的工资标准依照图书馆专业人

员工资标准制订。

第四章　经　费

第十三条　图书购置费应在各校（院）的总预算内规定一定的比例数，由图书馆统一掌握。

第十四条　图书购置费的预算

（一）图书购置费应根据各校学生和教师人数、学校性质、专业设置情况、原有藏书、地区及出版情况等条件，由各校（院）专项列入学校年度预算，并报高等教育部（或主管单位）核定。

（二）科学研究中所需用的图书购置费，应由各校（院）科学研究费中提拨专款，交图书馆统一掌握。

（三）校外委托进行科学研究工作，其图书购置费，应由委托单位另拨专款，交图书馆统一掌握。

第十五条　凡不属固定资产的出版品和印刷物等的购置均由资料费开支，图书馆内除一般设备外，购置卡片、书刊复制（包括书刊摄影）设备和用品、显微书刊阅览设备、书刊保养等费用，亦均应在设备费内开支。

第十六条　图书馆经费应在节约的原则下，合理使用。

第五章　图书馆委员会

第十七条　为了使图书馆工作密切配合学校的教学与科学研究，各校（院）可设立图书馆委员会，以便推动和改进图书馆工作。

第十八条　图书馆委员会的组织成员，由馆长与系主任共同推荐,提请校(院)长聘请之。图书馆委员会设主任委员1人,副主任委员1—2人,主任委员由直接领导图书馆的校(院)长担任,副主任委员由图书馆馆长担任。

第十九条　图书馆委员会负责审议图书馆年度计划、工作报告、图书补充计划、图书目录工作,以及为读者服务的工作,并讨论图书馆与各系之间的重要问题等。

第二十条　图书馆委员会每学期召开定期会议一次,必要时应召开临时会议。

附录 2
中华人民共和国高等学校图书馆工作条例
（一九八一年十月）

第一章 性质和任务

第一条 高等学校图书馆是学校的图书资料情报中心，是为教学和科学研究服务的学术性机构，它的工作是教学和科学研究工作的重要组成部分。

第二条 高等学校图书馆应贯彻党的教育方针，为培养社会主义建设人才，发展教育科学文化事业，建设社会主义物质文明和精神文明做出贡献。其任务是：

（一）根据学校的性质和任务，采集各种类型的书刊资料，用科学的方法进行分类编目与管理。

（二）配合学校思想政治教育工作，宣传马列主义、毛泽东思想及党和政府的政策法令。

（三）根据教学、科学研究和课外阅读的需要，开展流通阅览和读者辅导工作。

（四）开展参考咨询和情报服务工作。

(五)开展查阅文献方法的教育和辅导工作。

(六)统筹、协调全校的图书资料情报工作。

(七)开展馆际协作活动。

(八)培养图书馆专业干部。

(九)进行图书馆学、目录学和情报学理论、技术方法及现代化手段应用的研究。

第二章 业务工作

第三条 高等学校图书馆的各项业务工作应加强科学管理,不断提高服务水平,以最大限度地满足读者的需要。

第四条 高等学校图书馆应根据学校教学和科学研究的需要及馆藏基础,通过多种途径,有计划、有重点地补充国内外书刊资料,逐步形成具有本校专业特色的藏书体系。

采集书刊资料应以教学、科学研究用书为主,兼顾课外阅读的需要。

要注意保持重要书刊资料的完整性和连续性,注意收藏本校的出版物和学术文献。

应有计划地进行书刊资料的剔除工作。

第五条 高等学校图书馆对新到书刊资料应及时分类编目,尽快投入流通,并定期报导。

要提高分类编目的质量,注意分类的科学性和实用性,保持著录、编目的准确一致。根据国家的统一要求,逐步实现分类、编目的标准化。

第六条 高等学校图书馆要健全目录体系,一般应分设读者目录和公务目录。读者目录可设置分类、著者和书名目录。

有条件的馆可编制书本式馆藏目录和增加主题检索途径。

图书馆应有反映全校书刊资料收藏情况的总目录。成为全校的查目中心。

目录的组织和管理要有专人负责，经常进行检查，保持书、目一致。

第七条　高等学校图书馆要合理组织藏书，加强书库管理，做好书刊资料的保护工作，并切实加强珍善本书刊的保藏和利用。

第八条　高等学校图书馆应加强读者服务工作，根据需要和条件分设各种出纳口和阅览室，健全服务体系，提高藏书利用率。

要做好出纳工作，降低拒借率，缩短取书时间。

配合学校的思想政治工作和教学、科学研究任务，进行阅读辅导，举办书刊展览，编制推荐书目，举行报告会、座谈会，开展多种形式的读者服务工作。

逐步实行书刊资料的开架或半开架借阅，并注意切实加强管理。

要教育读者爱护书刊资料，对违章或损毁、盗窃书刊资料者，应视情节轻重，给予批评教育、赔偿、罚款甚至行政处分等不同处理。

积极创造条件，开展静电复制、缩微照相、视听阅览等服务项目。

应注意经常保持图书馆环境的安静与整洁。

开馆阅览时间每周不少于 70 小时。寒暑假应保证一定开馆时间。

第九条　高等学校图书馆应努力开展参考咨询和情报服务

工作,配合学校的教学和科学研究任务编制各种专题书目索引,辅导读者查阅文献资料,并进行有关方法的基本训练,开展定题服务、回溯检索和情报分析。

第十条　高等学校图书馆应注意总结工作经验,结合本馆实际有计划地组织专题研究,积极参加图书馆学会的学术活动,以促进图书馆工作,提高干部理论水平。

第十一条　高等学校图书馆应积极参加本地区、本系统的馆际协作,做好书刊资料采购、馆际借书、编制联合目录、组织业务交流、培养干部,以及新技术应用的研究等方面的协调工作。

第十二条　高等学校图书馆应加强业务统计工作,制订和健全各项业务的规章制度、工作细则,实行岗位责任制,并认真组织贯彻执行。

第三章　领导体制和组织机构

第十三条　高等学校图书馆实行校(院)长领导下的馆长负责制,应有一名主管教学、科学研究工作的副校(院)长分管图书馆工作。

第十四条　高等学校图书馆设馆长一人,并视需要设副馆长若干人,馆长、副馆长应由认真执行党的方针政策、热心图书馆事业、有较高的科学文化水平和组织能力的人担任。

馆长主持全馆工作,领导制订全馆规划、工作计划、经费预算、干部培训计划及规章制度等,并组织贯彻执行和总结,定期向校(院)长报告工作。

馆长应参加校(院)长办公会,应是校(院)务委员会的委员,副馆长协助馆长完成各项工作。

第十五条 高等学校图书馆一般应设立党支部(或党总支),直属校(院)党委领导。党支部(或党总支)负责党的建设工作和思想政治工作,对图书馆业务工作起保证监督作用。

第十六条 高等学校图书馆一般应设办公室(或秘书)、采编部(组)和流通阅览部(组)。各馆根据需要,可分设或增设采访部(组)、编目部(组)、阅览部(组)、流通保管部(组)、期刊部(组)、情报服务(或参考咨询)部(组)、研究辅导部(组)、特藏部(组)及技术部(组)等机构。

各馆应从实际出发,以利于科学管理为原则,确定本馆的机构设置,并相应明确其职责。各部(组)主任、副主任(组长、副组长)的任免与教研室主任、副主任相同。

第十七条 规模大、系科多或校园分散的学校,根据需要与可能,可设立专业分馆或学生分馆,分馆是总馆的分支机构,受总馆直接领导。

第十八条 规模大、系科多的学校,根据需要与可能,可设立系(所)资料室。

系(所)资料室是全校图书资料情报系统的组成部分,实行系(所)和校图书馆双重领导。各系(所)应有一名副主任分管图书资料室工作。校图书馆对系(所)资料室负责业务领导和协调。

系(所)资料室的服务对象主要是教师、研究生和毕业班学生。它的职责是负责本专业书刊的保管和阅览,并着重进行专业资料的收集、整理和研究,开展情报服务。

第十九条 高等学校可设立图书馆委员会,作为学校图书资料情报工作的咨询机构。

图书馆委员会的成员由馆长和系主任共同推荐,提请校

(院)长聘请组成。图书馆委员会设主任委员一人,副主任委员若干人。主管图书馆工作的副校(院)长担任主任委员,图书馆馆长担任副主任委员。

图书馆委员会应定期召开会议,听取图书馆馆长的工作报告,审议图书馆的年度计划,讨论图书馆工作中的重大问题,并向校(院)领导反映改进图书资料情报工作的建议。

第四章 工作人员

第二十条 高等学校图书馆工作人员包括:党政工作人员;专业人员;技术人员;技术工人;公勤人员。

第二十一条 高等学校图书馆工作人员必须拥护中国共产党的领导,热爱社会主义祖国,努力学习马列主义、毛泽东思想,全心全意为人民服务,热爱图书馆事业,刻苦钻研业务,积极做好本职工作。

第二十二条 高等学校图书馆应根据读者人数、藏书册数和年平均进书量,并参照学校的性质、系科的设置、教学和科学研究任务的轻重、校舍的集中与分散等情况,配备必需的工作人员。

各校可参照下述比例研究确定本校图书馆专业人员的编制:

(一)以学生1000人、藏书50000册配备15名专业人员为基数。

(二)在此基数上,每增加100名学生、50名研究生,各增加1名专业人员;每增加50000册藏书,增加1名专业人员;年平均进书量10000册,配备3名专业人员。

图书馆内的党政干部、研究和应用现代化技术手段（计算机、缩微、复制等）的技术人员，从事设备维修、装订等的技术工人、公勤人员，应根据实际需要另列编制。

系（所）资料室应配备足够的工作人员，列入系（所）的编制。

第二十三条　高等学校应加强图书馆的专业队伍建设，有计划地配备包括图书馆学、外语（或古汉语）和各学科的专业人员，专业人员的文化程度应是中专（高中）毕业以上，大专以上程度的应逐步达到60％以上。

第二十四条　高等学校图书馆应积极创造条件，采取多种形式，紧密结合工作需要，有计划地对各类在职人员进行培训。

第二十五条　高等学校图书馆专业人员业务职称的确定、晋升，按照国务院颁发的《图书、档案、资料专业干部业务职称暂行规定》执行。

在图书馆工作的党政工作人员、技术人员、技术工人等的职称及定职、晋升办法，按照国家的有关规定执行。

评定职称应结合工作人员的培训和考核情况进行。

第二十六条　高等学校图书馆的专业人员是教学和科学研究队伍的组成部分，应按职称与相应的教学和科学研究人员享受相同待遇。

高等学校图书馆工作人员应根据不同工种享受相应的劳保待遇。

第五章　经费、馆舍、设备

第二十七条　高等学校应重视藏书建设的投资。书刊资料购置费在全校教育事业费中应占适当比例，一般可参照5％左右的比例数,由学校研究确定。

全校书刊资料购置费由图书馆统一掌握,合理使用。

第二十八条　高等学校应有计划地为图书馆添置复印、缩微、视听等设备和家具,将其纳入学校的设备购置计划,在设备费内开支。

电子计算机等现代化装备由教育行政部门(或国家有关部门)全面规划,统筹安排。

第二十九条　高等学校都应建筑独立、专用的图书馆馆舍。建筑标准按教育部编制、国家计委和建委共同审定的《一般高等学校校舍规划面积定额》中的有关规定执行。

学校总务部门应积极做好图书馆的房屋、设备维修工作,改善灯光、通风、防寒降暑等条件,为师生创造良好的学习和研究环境。

第三十条　高等学校图书馆均应贯彻勤俭办馆、厉行节约的原则。

附录 3
普通高等学校图书馆规程
(1987 年 7 月 25 日,国家教委)

第一章 性质和任务

第一条 高等学校图书馆是学校的文献情报中心,是为教学和科学研究服务的学术性机构,它的工作是学校教学和科学研究工作的重要组成部分。

第二条 高等学校图书馆应贯彻党和国家的方针、政策和法令,宣传马克思列宁主义、毛泽东思想和人类科学文化的优秀成果,履行教育职能和情报职能,为培养有理想、有道德、有文化、有纪律的社会主义建设人才,发展教育科学文化事业,建设社会主义物质文明和精神文明做出贡献。其主要任务是:

(一)采集各种类型的文献资料,进行科学的加工整序和管理,为学校的教学和科学研究工作提供文献情报保障。

(二)开展流通阅览和读者辅导工作。

(三)开展用户教育,培养师生的情报意识和利用文献情报的技能。

（四）开发文献情报资源，开展参考咨询和情报服务工作。

（五）统筹、协调全校的文献情报工作。

（六）参加图书情报事业的整体化建设；开展多方面的协作，实行资源共享。

（七）开展学术研究和交流活动。

第二章 业务工作

第三条 高等学校图书馆的各项业务工作都要实行科学管理，不断提高工作质量和服务水平，最大限度地满足读者需要。

第四条 高等学校图书馆应根据思想政治教育、教学、科学研究的需要，根据馆藏基础及地区或系统文献资源布局的统筹安排，通过多种途径，有计划、有重点地采集国内外各种文献资料，形成具有本校特色的馆藏体系。

采集文献资料应以满足思想政治教育、教学、科学研究需要为主，兼顾其他需要。

要保持重要文献资料的完整性和连续性，注意收藏本校的出版物和本校著者的学术文献。

应有计划地进行文献资料的复审和剔除工作。

第五条 高等学校图书馆对新到文献资料应及时分类编目，尽快投入流通，并及时报导。

要根据国家的统一规定，逐步实现分类、编目的标准化。

第六条 高等学校图书馆要健全目录体系，一般应分设读者目录和公务目录。读者目录可设置分类、书名、著者目录。应积极创造条件，编制书本式馆藏目录和增加主题检索途径。

图书馆应有全校文献资料的总目录，成为全校的查目中心。

应保证目录能正确反映馆藏。

第七条 高等学校图书馆要合理组织馆藏,加强书库管理。要切实加强对珍贵文献的保护和利用。

第八条 高等学校图书馆应加强读者服务工作,健全读者服务体系,提高馆藏文献资料的利用率。

做好流通阅览工作,逐步扩大书刊资料的开架范围,实行常用书刊的开架阅览、短期借阅,提高利用率,降低拒借率。

配合学校思想政治教育和教学、科学研究任务,编制推荐书目、导读书目,举办书刊展评等活动,通过多种方式进行阅读辅导。

要教育读者遵守规章制度,爱护文献资料。对违章或污损、盗窃文献资料者,应视情节轻重,分别给予批评教育、赔偿、罚款甚至行政处分等不同处理。

开馆阅览时间每周应达到70小时以上。寒暑假期间也应保证一定的开馆时间。

第九条 高等学校图书馆应组织力量,采用多种方式对读者进行系统的检索和利用文献的教育。学校应将"文献检索与利用"课列入教学计划。

第十条 高等学校图书馆应积极开展参考咨询,加强文献情报检索、情报编译报导和分析研究及编制各种专题书目索引等情报服务工作。

有条件的高校图书馆,要发挥学校的资源和人才优势,开展面向社会的文献情报和技术咨询服务,可根据材料和劳动的消耗或服务成果的实际效益收取适当费用。

第十一条 应积极创造条件,在高等学校图书馆工作中应用计算机等现代化技术手段。应用计算机应首先做好基础工作的准备,坚持协作和共享的原则。

积极开展各种类型文献资料的复制和缩微、视听阅览等服务项目。

第十二条　高等学校图书馆应积极开展学术研究,组织学术交流活动。

应注意总结工作经验,结合实际有计划地组织专题研究,以促进工作,提高专业人员理论水平。

图书馆的重点科学研究课题应列入学校的科学研究计划。

高等学校图书馆应积极参加国内国际图书情报界的学术交流。

第十三条　高等学校图书馆应积极参加本地区、本系统的馆际协作,做好文献资料采集、馆际互借、编制联合目录、组织业务交流、人员培训,以及新技术应用的研究等方面的协调工作,实行资源共享。

第十四条　高等学校图书馆应完善各项规章制度,制定业务工作规范,明确岗位责任,规定检查考核办法,并保证贯彻执行。

应注重工作数量、效果的统计和积累,坚持做好统计工作。

第十五条　高等学校图书馆应建立评估和奖励制度,对优秀的工作人员和突出的服务成果、研究成果给予奖励。

第三章　领导体制和组织机构

第十六条　高等学校图书馆实行校(院)长领导下的馆长负责制。应有一名校(院)长分管图书馆工作。有关图书馆工作的重大事项应在校(院)长办公会上及时研究、作出决定。

第十七条　高等学校图书馆设馆长一名,并视需要设副馆长若干名。

馆长、副馆长应由认真执行党的方针政策、热心图书馆事业、有较高的科学文化水平和组织管理能力的人担任。

馆长主持全馆工作,领导制订发展规划、工作规划、经费预算、人员培训进修计划及规章制度,组织贯彻实施并定期总结,向校(院)长报告工作。

图书馆馆长一般应为学校校务委员会、学术委员会成员,学校召开的与图书情报工作有关的校(院)长办公会,应有图书馆馆长参加。

副馆长协助馆长完成各项工作。

馆长的任免,与教务长相同,不设教务长的学校与教务处长相同。

第十八条　高等学校图书馆应从实际出发,以有利于科学管理和便利读者为原则,确定本馆部(组)、室的设置,并明确各机构的相应职责。

各部(组)、室的主任(组长)由馆长聘任或由馆长提名、学校任命。

第十九条　规模大、系科多或校园分散的学校,可设立分馆。分馆是总馆的分支机构,受总馆领导。

第二十条　规模大、系科多的学校,可设立系(所)资料(情报)室。系(所)资料(情报)室是全校图书情报系统的组成部分,实行系(所)和校图书馆双重领导。系(所)应有一名领导分管资料(情报)室工作。图书馆对资料(情报)室负责业务领导与协调。

系(所)资料(情报)室的主要任务是进行与本系(所)有关的

专业文献情报的收集、整理和研究,面向全校有关专业人员,开展文献情报服务。

其他院校一般不宜设立系(所)资料(情报)室。

第二十一条　高等学校可设立图书情报委员会,作为学校管理图书情报工作的咨询和协调机构。

图书情报委员会的成员由馆长和系主任推荐,提请校(院)长聘请组成。学校主管图书情报工作的校(院)长担任主任委员,图书馆馆长担任副主任委员。

图书情报委员会应定期召开会议,听取图书馆馆长的工作报告,审议图书馆的年度计划,反映师生对图书馆工作和系(所)资料(情报)室工作的意见和要求,讨论学校图书情报工作中的重大问题,向校(院)领导提出改进图书情报工作的建议。

第四章　工作人员

第二十二条　高等学校图书馆工作人员包括:专业技术人员;党政工作人员;技术工人;公勤人员。

第二十三条　高等学校图书馆工作人员必须拥护中国共产党的领导,热爱社会主义祖国,努力学习马克思列宁主义、毛泽东思想,热爱图书馆事业,有高尚的职业道德和全心全意为人民服务的精神,刻苦钻研业务,积极做好本职工作。

第二十四条　高等学校图书馆应根据读者人数、藏书册数、年平均进书量,并参照学校的性质、系科的设置、教学和科学研究任务的轻重、校舍的集中与分散、开馆时间长短等情况,配备必需的工作人员。

各校应在上级核定的编制人数内,根据各自的实际情况,参照下述比例自行研究确定本校图书馆专业人员的编制：

（一）以学生 1000 人、藏书 5 万册配备 15 名专业人员为基数。

（二）在此基础上，每增加 100 名学生、50 名研究生，各增加 1 名专业人员；每增加 50000 册藏书，增加 1 名专业人员；年平均进书量 10000 册，配备 3 名专业人员。

图书馆内的党政干部、研究和应用现代化技术手段（计算机、缩微、复制等）的技术人员、从事设备维修、装订等的技术工人、公勤人员，应根据实际需要另列编制。

系（所）资料（情报）室的工作人员列入系（所）的编制。

第二十五条　高等学校应加强图书馆的专业队伍建设，按照合理的结构比例，有计划地配备包括图书馆学、情报学、外语、古汉语和校内主要学科的专业人员。

专业人员应具有中专（高中）毕业以上文化程度，其中大专以上文化程度的应逐步达到 60% 以上。

第二十六条　高等学校图书馆应紧密结合工作需要，有计划地安排对各类在职人员的进修或培训，重视培养高层次的学科专家。

第二十七条　高等学校图书馆和系（所）资料（情报）室的专业技术人员按照国家规定，实行专业技术职务聘任制。

应对工作人员定期进行政治思想和业务考核，作为聘任工作的依据。

第二十八条　高等学校图书馆和系（所）资料（情报）室的专业技术人员是教学和科学研究队伍的组成部分，应按职务与相应的教学和科学研究人员享受同等待遇。

高等学校图书馆工作人员应按不同工种享受国家规定的相

应的劳保待遇。

第五章 经费、馆舍、设备

第二十九条 高等学校应重视对图书情报事业的投资,提供文献情报工作所必需的经费和物质条件。

高等学校图书馆应贯彻勤俭办馆、厉行节约的原则。

欢迎社会各界、国内外个人或团体对高等学校图书馆提供捐赠和资助。

第三十条 文献资料购置费在全校教育事业费中应占适当比例,一般可参照5%左右的比例数,由学校研究确定。

学校应从科学研究经费和计划外收入中提取适当比例作为购置文献资料的费用。

全校文献资料购置费由图书馆统一掌握,合理使用。

第三十一条 高等学校应按照国家制定的有关标准,建造独立专用的图书馆馆舍。馆舍建筑应充分考虑学校发展规模,适应现代化管理的需要,满足图书馆业务功能的要求,具有调整的灵活性。

学校总务部门应积极做好图书馆的房屋、设备维修工作,落实各项安全防护措施,改善灯光、通风、防寒及防暑降温等条件,为师生创造良好的学习和研究环境。

图书馆应注意环境的绿化、美化,保持安静与整洁。

第三十二条 高等学校应有计划地为图书馆添置复印、缩微、声像、文献保护、计算机等设备和家具,纳入学校的设备购置计划,由设备费开支。

第六章 附 则

第三十三条 本规程适用于全日制普通高等学校。其他高等学校可参照执行。

第三十四条 各级教育行政部门应对各高等学校执行本规程的情况进行检查和评估。

第三十五条 本规程由国家教育委员会负责解释。

第三十六条 本规程自公布之日起施行。

附录 4
普通高等学校图书馆规程(修订)

2002 年 2 月 26 日

第一章 总 则

第一条 高等学校图书馆是学校的文献信息中心,是为教学和科学研究服务的学术性机构,是学校信息化和社会信息化的重要基地。高等学校图书馆的工作是学校教学和科学研究工作的重要组成部分。高等学校图书馆的建设和发展应与学校的建设和发展相适应,其水平是学校总体水平的重要标志。

第二条 高等学校图书馆必须贯彻国家的教育方针,履行教育职能和信息服务职能,为培养德、智、体、美等方面全面发展的人才,发展教育科学文化事业,建设社会主义物质文明和精神文明服务。

第三条 高等学校图书馆应积极采用现代技术,实行科学管理,不断提高业务工作质量和服务水平,最大限度地满足读者的需要,为学校的教学和科学研究提供切实有效的文献信息保障。主要任务是:

（一）建设包括馆藏实体资源和网络虚拟资源在内的文献信息资源，对资源进行科学加工整序和管理维护。

（二）做好流通阅览、资源传送和参考咨询工作，积极开发文献信息资源，开展文献信息服务。

（三）开展信息素质教育，培养读者的信息意识和获取、利用文献信息的能力。

（四）组织和协调全校的文献信息工作，实现文献信息资源的优化配置。

（五）积极参与文献保障体系建设，实行资源共建、共知、共享，促进事业的整体化发展。开展各种协作、合作和学术活动。

第二章　管理体制和组织机构

第四条　高等学校图书馆实行校（院）长领导下的馆长负责制。高等学校应有一名校（院）长分管图书馆工作。有关图书馆工作的重大事项由校（院）长办公会研究、决定。

第五条　高等学校图书馆设馆长一名，设副馆长若干名，由学校聘任或任命。馆长和主管业务工作的副馆长必须具有高级专业技术职务或具有硕士以上学位。馆长、副馆长应认真执行国家的教育方针，了解学校的学科建设目标，热爱图书馆事业，熟悉图书馆业务，有较强的组织管理能力。馆长应为学校校务委员会、学术委员会成员，参加确定学校重大建设和发展事项的校（院）长办公会。馆长主持全馆工作，领导制订发展规划、规章制度、工作计划及经费预算，并组织贯彻实施。副馆长协助馆长工作。

第六条　高等学校图书馆应从实际出发，以方便读者和有利于科学管理为原则,确定本馆部(组)、室的设置,并明确各机构的相应职责。各部(组)、室的主任(组长)按照学校有关规定任免。

第七条　规模大、院系多或校园分散的高等学校,可设立分馆。分馆是总馆的分支机构,受总馆领导。

第八条　高等学校的院系(所)资料室是全校文献保障体系的组成部分,在业务工作和资源配置上,接受学校图书馆的指导与协调。应面向全校开放,提供文献信息服务,实行资源共享。

第九条　高等学校应设立图书馆工作委员会,作为全校文献信息工作的咨询和协调机构。图书馆工作委员会的成员以教师为主,吸收学生参加。学校主管图书馆工作的校(院)长担任主任委员,图书馆长担任副主任委员。图书馆工作委员会应定期召开会议,听取图书馆长的工作报告,讨论学校文献信息工作中的重大问题,反映师生的意见和要求,向学校和图书馆提出改进图书馆工作的建议。

第三章　文献资源建设

第十条　高等学校图书馆应根据学校的发展目标和教学、科学研究的需要,根据馆藏基础及地区或系统文献资源布局的统筹安排,制订文献信息资源建设方案,形成具有本校特色的馆藏体系。在文献采集中应兼顾纸质文献、电子文献和其他载体文献,兼顾文献载体和使用权的购买。保持重要文献和特色资源的完整性和连续性,注意收藏本校的以及与本校有关的出版物和学术文献。

第十一条　高等学校图书馆应根据学校教学、科学研究的需要，根据馆藏特色及地区或系统文献保障体系建设的分工，开展特色数字资源建设和网络虚拟资源建设，整合实体资源与虚拟资源，形成网上统一的馆藏体系。

第十二条　高等学校图书馆对采集的文献信息资源应及时进行科学的加工整序，并尽快发布，提供使用。必须根据国家的相关规定，实现文献信息资源加工、组织和管理的标准化。

第十三条　高等学校图书馆应重视目录体系建设，使自己成为全校的书目数据中心；建立完善的文献信息检索系统，满足用户多途径检索的需求。应加强对书目数据库的管理和维护，保证数据与资源的一致性。

第十四条　高等学校图书馆应科学合理地组织馆藏，既要有利于文献信息的管理和保护，更要有利于文献信息的充分利用。

第四章　读者服务

第十五条　高等学校图书馆应以读者第一、服务育人为宗旨，健全服务体系，做好服务工作。

第十六条　高等学校图书馆应尽可能延长服务时间，其中，书刊阅览服务时间每周应达到 70 小时以上；假期应保证一定的开放时间；网上资源的服务应做到每天 24 小时开放。

第十七条　高等学校图书馆应开展多种层次多种方式的读者服务工作，提高各种文献的利用率。兼顾纸质文献、电子文献和其他载体文献的流通阅览，积极推广纸质文献开架借阅、电子资源上网服务。通过编制推荐书目、导读书目，举办书刊展评等多种方式进行阅读辅导；通过开设文献信息检索与利用课程及其他多种手段,进行信息素质教育。积极开展参考咨询、文献信息定题检索、课题成果查新、信息编译和分析研究、最新文献报导等信息服务工作。

第十八条　高等学校图书馆应根据学校的网络条件,积极开展网上预约、催还和续借服务,网上馆际互借和文献传递服务,网上电子公告、电子论坛和意见箱服务,以及网上信息资源导引服务、最新信息定题通告服务、网上协同信息咨询服务等网络服务。

第十九条　高等学校图书馆应保护读者合法、公平地利用图书馆的权利。应为残疾人等特殊读者利用图书馆提供便利。

第二十条　高等学校图书馆应教育读者遵守规章制度,爱护文献资料和图书馆设施。对违犯规章制度,损坏、盗窃文献资料或设备者,按照校纪、法规予以处理。

第二十一条　有条件的高等学校图书馆应尽可能向社会读者和社区读者开放。面向社会的文献信息和技术咨询服务,可根据材料和劳动的消耗或服务成果的实际效益收取适当费用。

第五章　科学管理

第二十二条　高等学校图书馆应不断更新管理思想,完善管理措施,建立健全各项规章制度,制定业务工作规范,明确岗位职责,规定考核办法,保证贯彻执行。

第二十三条　高等学校图书馆应积极采用现代化技术手段,严格遵循相关的国际国内标准,加强自动化、网络化、数字化建设,并随着新技术的应用调整作业流程,改变管理办法。

第二十四条　高等学校图书馆应结合实际有计划地开展学

术研究和交流活动,积极申报各级各类科研课题。有条件的还可根据需要,自行设立科研项目。高等学校图书馆应积极开展国内外学术交流。有条件的可按国家有关规定申请加入国际学术组织。

第二十五条　高等学校图书馆应定期对工作人员进行考核,考核结果作为聘任或解聘、晋升或降职、奖励或处分的依据。

第二十六条　高等学校图书馆应注重对工作数量、效果的统计和积累,按照有关规范做好统计工作。应妥善做好各类统计数据、文件档案的整理和保存。

第六章　工作人员

第二十七条　高等学校图书馆工作人员应忠诚于人民的教育事业,恪守职业道德,认真履行岗位职责。

第二十八条　高等学校应根据读者人数、资源数量、服务项目与时间、设备设施维护的要求、馆舍分布等因素,配备相应的图书馆工作人员。

第二十九条　高等学校应加强图书馆的专业队伍建设,按照合理的结构比例,有计划地聘任多种学科的专业人员。高等学校图书馆的专业人员应具有大专以上学历,其中本科以上学历者应逐步达到60%以上。

第三十条　高等学校鼓励图书馆专业人员同时掌握图书馆学和一门以上其他学科的知识,重视培养高层次的学科专家。鼓励专业人员通过脱产或在职学习提高学历层次和学术水平。

高等学校图书馆应结合工作需要,有计划地安排工作人员进行在职进修或培训。

第三十一条　高等学校图书馆和院系(所)资料室的专业技术人员按照国家有关规定,实行专业技术职务聘任制,享受相应待遇。

第三十二条　高等学校对于在图书馆从事特种工作的人员,要按国家规定给予相应的劳保待遇。

第七章　经费、馆舍、设备

第三十三条　高等学校应保证图书馆正常运行和持续发展所必需的经费和物质条件。高等学校图书馆应注重办馆效益,科学合理地使用经费。高等学校图书馆可依法接受捐赠和资助。

第三十四条　高等学校图书馆的经费列入学校预算。高等学校图书馆的经费包括运行费和专项经费。运行费主要包括文献信息资源购置费、设备设施维护费、办公费等。

第三十五条　高等学校图书馆的文献信息资源购置费应与学校教学和科学研究的需要相适应,并根据学校的发展逐年增加。生均年购文献量应不低于教育部的评估指标。高等学校的文献信息资源购置费由图书馆统筹安排,合理使用。

第三十六条　高等学校应按照国家有关标准,建造独立专用的图书馆馆舍。馆舍建筑应充分考虑学校发展规模,适应现代化管理的需要,满足图书馆业务功能的要求,具有调整的灵活性。应做好图书馆的馆舍、设备维修工作,注意内外环境的美化、绿化,落实防火、防水等各项安全防护措施,改善灯光、通风、防寒防暑等条件,为师生创造良好的学习和研究环境。

第三十七条　高等学校应有计划地为图书馆配备办公和服

务所需的各种家具、用品和设备,尤其要重视自动化、网络化等现代信息基础设施的建设,并及时维护和更新。

第八章　附则

第三十八条　本规程适用于全日制普通高等学校。其他高等学校可参照执行。

第三十九条　各级教育行政部门应对各高等学校执行本规程的情况进行检查和评估。检查和评估的办法及标准另订。

第四十条　本规程由教育部负责解释。

第四十一条　本规程自公布之日起施行。原国家教育委员会1987年7月25日发布的《普通高等学校图书馆规程》同时废止。

附录 5
中国大学图书馆馆长论坛
图书馆合作与信息资源共享武汉宣言

（出席武汉大学信息管理学院"数字时代图书馆合作与服务创新"国际研讨会暨第三届中美图书馆员高级研究班的 50 余所高等院校图书馆的馆长，于 2005 年 7 月 8 日在武汉大学举办了"中国大学图书馆馆长论坛"（以下简称"论坛"）。其间，我们回顾了我国图书馆界馆际合作与资源共享 40 多年的历程，探讨了在实现信息资源共享道路上尚需克服的障碍与问题，在图书馆合作与信息资源共享的重要原则方面取得共识。声明如下：

图书馆与信息的重要性

——信息资源与自然资源、人力资源共同构成支撑现代经济社会发展的资源体系。信息资源是知识经济时代重要的国家战略资源，是实现经济和社会的全面和可持续发展的基础条件。对信息资源的拥有、开发和利用水平，是衡量一个国家综合国力和国际竞争力的重要标志之一。

——消弥信息鸿沟、实现信息公平，是消除贫困、促进经济发展、构建和谐社会的重要条件之一。

——图书馆是国家和政府为保障公民自由、平等地获取信息和知识而进行的制度安排。最大限度地满足每一位公民（读者）对信息和知识的需求，是图书馆义不容辞的责任。

——大学图书馆是大学的重要支柱之一。优秀的大学图书馆是优秀的大学的标志。国际研究表明，大学的声望与大学图书馆的藏书之间存在着密切的关系。对图书馆的投资与重视是每一所大学的责任。

——便捷高效地获取信息是大学教学、科研与社会服务活动的基础。为高水平的人才培养和科学创新研究提供充分的信息保障，是大学图书馆的使命。最大限度地满足校内外读者的信息需求，实现最广泛的信息资源共享，是大学图书馆追求的崇高目标。

——我们完全支持联合国教科文组织（UNESCO）和国际图书馆协会联合会（IFLA）通过的《公共图书馆宣言》（IFLA/UNESCO Public Library Manifesto 1994）及《学校图书馆宣言》（IFLA/UNESCO School Library Manifesto 1999）的原则和立场。我们完全支持开放社会研究所（OSI）在布达佩斯（Budapest）通过的《布达佩斯开放存取首倡计划》（Budapest Open Access Initiative, BOAI）的原则。我们完全支持《国际图联关于数字环境下的版权立场声明》（IFLA Position on Copyright in the Digital Environment 2000）的原则。

数字时代图书馆合作更加必要

——在数字时代，读者来图书馆将不再仅是为了查找本馆馆藏。

——在数字时代，单一图书馆仅利用本馆馆藏将不再能满足读者的信息需求。

——在数字时代,单一图书馆独立建设馆藏的方式已经不再适用。

——在数字时代,图书馆合作是国际趋势。

——在数字时代,信息资源共享是时代的要求。图书馆代表的是公共利益,信息资源共享的目的是使社会公众获益。信息资源共享是图书馆为解决信息数量的急剧增长及用户对信息资源的无限需求与图书馆对信息载体有限的收集和处理能力之间的矛盾,而做出的理性选择。

在数字时代,大学图书馆的合作比以往任何时候都更为必要。大学图书馆应该在信息资源共享中发挥更为重要的作用。

我们高度评价教育部和图书馆界同仁为实现信息资源共享这一目标所进行的卓有成效的工作。"中国高等教育文献保障系统(CALIS)"等建设项目是实现信息资源共享的成功范例。这些项目极大地改善了我国图书馆的资源状况,扩大了期刊的品种覆盖面,节省了文献资源建设的成本,实现了资源建设与开发利用的机制创新,受到了社会各界的一致好评,产生了不可估量的社会效益。

信息资源共享的目标

——我们认同信息资源共享的最终目标:使任何人在任何时候、任何地点,均可以获得任何图书馆的任何信息资源。

——实现上述目标将是一个漫长的过程。在现阶段,我们应该致力于构建一个全方位、多层次的信息资源保障体系。在国家层次上,这一保障体系要建立能满足本国需求的完备的文献收藏(从国家信息安全的角度来看,这是完全必要的),并促进其开发与利用。要通过公共图书馆、大学图书馆和其他类型图书馆及相关机构的合作,实现信息资源协调采购、联机合作编目、联机书目查询、馆际互借、文献传递、网上联合咨询等功能。

——我们致力于建设具有国际先进水平的开放式中国高等教育数字图书馆。

——我们深刻认识到,在实现我国信息资源共享目标的过程中,依然存在着诸多障碍。这些障碍既有客观的也有主观的。

行动方向

——把信息资源共建共享纳入国家信息资源开发利用的整体战略中去。呼吁国家要尽快制定《图书馆法》和其他保障信息资源公共获取的法律。

——我们呼吁教育部、文化部、科技部等部委继续在促进文献信息资源共享方面发挥更大的作用。我们将促进教育、文化与科技、社科系统的数字化资源项目的合作及资源共享。

——加大力度建设"中国高等教育文献保障系统(CALIS)"等各级各类文献资源共享系统,鼓励更多的高校系统图书馆在责、权、利协调的前提下参与上述项目的建设,鼓励非高校系统图书馆参与项目建设。

——图书馆之间的合作、图书馆与其他相关机构之间的合作,是实现信息资源共享的重要途径。要建立不同类型的图书馆联盟。不仅要建立系统内的图书馆联盟,而且要促进同一地区跨系统图书馆联盟的建立。坚持平等自愿、互利互惠的原则,使每一个联盟成员都能享受到信息资源共享带来的利益。

——鼓励经济发达地区的图书馆帮助欠发达地区的图书馆，大型图书馆帮助中小型图书馆，以逐步缩小图书馆之间的"信息鸿沟"。

　　——大学图书馆的资源应在满足本校读者需求的前提下，努力向社会开放。

　　——建设特色馆藏，开展特色服务。建立一批特色学术机构库（institutional depository）。

　　——开放存取（open access）是网络环境下学术信息交流的新模式，是信息资源共享的新形式。我们鼓励并积极参与学术信息的开放存取。

　　——现代信息技术在信息资源共建、共知和共享中发挥着关键性的作用。只有建立在数字化和网络化基础之上的信息资源共享，才能真正得以实现。

　　——标准化是信息社会的基石之一，是信息资源共享的重要前提。我们要特别重视标准的制定和采用；要紧跟新技术的发展和信息载体的变化，及时制定在网络环境下实现信息资源共享涉及的专业和技术标准，使之适应信息环境的变化；要加大标准的推广与执行力度。

　　——充分理解知识产权制度对于鼓励知识创新的重要性，尊重和保护知识产权。我们认为知识产权制度的最终目的，仍然是为了保障和促进知识的交流、传播和利用。它与信息资源共享的最终目的是一致的。为此，我们呼吁知识生产者（著作者、出版者）与知识组织、传播者（图书情报工作者）加强合作，寻求有效机制，以维系知识产权保护与信息资源共享之间的平衡，维系知识产权人利益与公共利益之间的平衡。

　　世界已经进入一个新的时代。信息资源共享成为这个时代最强烈的呼声和最鲜明的特征。信息资源共享的最终实现或许还很遥远,然而,她的每一个阶段目标的实现及其给人类带来的福祉,却是实实在在的。我们坚信,只要以开放的理念、执着的追求、切实的行动去做好眼前的每一项工作,我们就能一步一步地实现信息资源共享的目标。在这一过程中,需要的是各界更广泛的参与和支持。

宣言的实施

中国大学图书馆馆长论坛创始单位及宣言签署单位(包括代表)敦促政府主管部门与有关图书馆制定战略、政策和计划,以实施本宣言的原则。战略、政策和计划应当包括与本宣言的传播、针对图书馆员和教师的持续培训及加强图书馆学/情报学教育与图书馆实践之间的联系等有关的规定。

本《宣言》签署单位:(以汉语拼音为序)
北京大学图书馆
北京交通大学图书馆
北京邮电大学图书馆
赤峰学院图书馆
重庆三峡学院图书馆
东北林业大学图书馆
复旦大学图书馆
贵阳学院图书馆
河池学院图书馆
河南科技学院图书馆
河南农业大学图书馆

湖北财经高等专科学校图书馆
湖北大学图书馆
湖北工业大学图书馆
湖北美术学院图书馆
湖北师范学院图书馆
湖南大学图书馆
湖南人文科技学院图书馆
湖南永州职业技术师范学院图书馆
广西工学院图书馆
广西师范大学图书馆
华中科技大学图书馆
华中农业大学图书馆
华中师范大学图书馆
吉林大学图书馆
吉首大学师范学院图书馆
暨南大学图书馆
江汉大学图书馆
江西师范大学图书馆
柳州师范高等专科学校图书馆
南京大学图书馆
南开大学图书馆
内蒙古大学图书馆
清华大学图书馆
泉州师范学院图书馆
山东理工大学图书馆
山东曲阜师范大学图书馆

山东师范大学图书馆
山西大学图书馆
首都师范大学图书馆
同济大学图书馆
铜仁高等师范专科学校图书馆
武汉大学图书馆
武汉大学信息管理学院
武汉交通职业学院图书馆
武汉理工大学图书馆
武汉体育学院图书馆
西安工业学院图书馆
西安交通大学图书馆
西南交通大学图书馆
西南民族大学图书馆
西南师范大学图书馆
孝感师范学院图书馆
协和医科大学图书馆
徐州师范大学图书馆
浙江大学图书馆
浙江万里学院图书馆
中国地质大学图书馆
中南财经政法大学图书馆
中南民族大学图书馆
郑州大学图书馆
中山大学图书馆
遵义师范学院图书馆

参考文献

[1]乔慧琴.论网络环境下的高校图书馆如何应对竞争挑战.内蒙古科技与经济,2010(15):104,106.

[2]葛海燕,杨传金,肖虹.网络环境下高校图书馆面临的挑战与机遇.四川图书馆学报,2001(1):14—16.

[3]武颖方.论数字环境下高校图书馆面临的挑战与对策.科学之友,2009(35):123—124.

[4]张晓林.研究图书馆2020:嵌入式协作化知识实验室?.中国图书馆学报,2012(1):11—19.

[5]王建平,刘怀辉.云计算环境下专业高校图书馆面临的挑战和机遇.价值工程,2011(11):25—26.

[6]Matthew P Long,Roger C Schonfeld. Ithaka S + R Library Survey 2010 Findings[OL]. [2012 — 2— 15]. http://www. ithaka. org /about—ithaka /announcements/ithaka—s—r—library—survey—2010—findings—released.

[7]武颖方.论数字环境下高校图书馆面临的挑战与对策.科学之友,2009(35):123—124.

[8]王美珍.网络环境下高校图书馆面临的挑战及对策.河

海大学学报(哲学社会科学版),2001(4):96—98.

[9]倪厚斌.信息化条件下高校图书馆面临的挑战分析.科技资讯,2011(11):249.

[10]郑立新,肖强.高校图书馆信息资源共建共享的认识与定位.图书馆建设,2011(5):11—13,82.

[11]朱月华.高校图书馆信息资源共建共享.兰台世界,2012(8):76—77.

[12]初景利,李麟.美国图书馆员职业资格认证体系.国家图书馆学刊,2005(3).

[13]金小璞.英美韩日图书馆职业资格制度的经验与借鉴.图书馆杂志,2007(11).

[14]宋璞,夏清文,邱建玲.高校图书馆数字参考咨询存在的问题及发展策略.高校图书馆工作,2011(4):71—73.

[15]邱建玲.高校图书馆数字参考咨询服务研究.现代情报,2010(3):76—79.

[16]余侠.WTO环境下图书馆面临的挑战和对策.大学图书情报学刊,2002(3):36—37,57.

[17]韩新忠.加入WTO对我国高等教育及高校图书馆的挑战与对策探讨.惠州学院学报(社会科学版),2002(4):104—107.

[18]朱强.高校图书馆的现状和发展[EB/OL].[2009—4—8].http://lib.yzu.edu.cn/ReadNews.asp?NewsID=1453

[19]2010高校图书馆发展论坛[EB/OL].[2012—05—15].http://www.caigou.com.cn/topic/2010—04—20/

[20]陈传夫,吴钢.图书馆业态的变化与发展趋势.中国图

书馆学报,2007(3):5—14.

[21]宿世明.图书馆生存环境分析与发展方向研究.图书情报知识,2006(6):52—56.

[22]郑晓霞,吴秀玲.高校图书馆组织结构的演化趋势研究.新世纪图书馆,2012(2):57—58,45.

[23]刘兹恒,郑清文.高校图书馆组织结构的重组.重庆图情通讯,2001(2):1—4.

[24]王频.图书馆组织结构分析与再造.图书情报工作,2011(21):98—102.

[25]孙晓明,张爱臣.知识服务与图书馆组织结构变革.图书馆工作与研究,2010(1):45—48.

[26]韩志萍.图书馆组织结构转型方向及路径依赖.情报资料工作,2009(5):64—68,82.

[27]肖希明,张伶.营销管理理论与图书馆管理.图书馆理论与实践,2011(11):6—10.

[28]于冬,梅彭妍,张楠,潘永泉,王艳红.论网络环境下高校图书馆组织结构创新.科技信息,2007(36):294.

[29]崔慕岳,崔波.基于知识管理的图书馆体制研究.图书馆建设,2005(5):16—18.

[30]朱源萍,梁爱东.信息社会高校图书馆组织结构变革探析.曲靖师范学院学报,2008(6):116—120.

[31]袁红军.河南省高校图书馆管理创新研究.现代情报,2005(11):97—99.

[32]石同生.论图书馆组织结构创新.图书情报工作,2003(8):106—109.

[33]党跃武,张晓林,李桂华.开发支持知识服务的现代图

书情报机构组织管理机制.中国图书馆学报,2001(1):21—23.

[34]张永彬.试论构建高校信息服务机制的扁平式管理.四川图书馆学报,2003(2):13—16.

[35]胡沈秋.高校图书馆组织中的技术对组织结构的影响.情报杂志,2009(8):67—70.

[36]朱晔.矩阵式组织结构管理模式探索.中国金融电脑,2010(3):67—69.

[37]金晓丹.图书馆员的职业规划.贵图学刊,2008(3):20—21,25.

[38]尤玉新,唐承秀.高校图书馆员"职业高原"问题探析.图书与情报,2006(2):46—48.

[39]徐建华,付娇.图书馆员的职业生涯开发与管理.中国图书馆学报,2003(1):20.

[40]龚景兴.基于现代人事制度的图书馆员价值理念及其实现.现代情报,2007(2):115—116.

[41]贺子岳.论图书馆的职业开发.图书情报知识,2004(2):30—33.

[42]李鑫璐.高校图书馆应进行有组织的职业生涯开发.新世纪图书馆,2004(5):35,74.

[43]易守菊.library2.0为参照的图书馆员职业生涯开发.图书情报工作,2008(S2):195—197.

[44]孙海英.试论图书馆服务体系的转型与馆员职业规划的调适.科技情报开发与经济,2012(8):25—27.

[45]孟建华.略论图书馆员的职业生涯设计.图书馆论坛,2007(2):10—12,38.

[46]陈玉婷.图书馆应重视馆员的职业生涯发展规划.南方

论刊,2009(8):80—81.

[47]汪会秋."鲶鱼效应"与图书馆管理.图书馆学刊,2011(3):30—31.

[48]朱树民,杨骅,王海林."鲶鱼效应"与现代图书馆人力资源管理.株洲师范高等专科学校学报,2004(5):89—90,96.

[49]林春波."鲶鱼效应"与高校图书馆"明星馆员"的塑造.情报探索,2009(5):19—21.

[50]张斌,徐益."鲶鱼效应"对馆员职业倦怠的抑制和消除.高校图书馆工作,2004(5):66—67,94.

[51]陈宇.从日本三泽之家的"鲶鱼效应"说起.企业活力,1992(10):14.

[52]杜春梅,潘杰义.激励理论在高校图书馆人员管理中的应用探讨.西北工业大学学报(社会科学版),2002(1):94—95.

[53]张斌.激励理论在图书馆人员管理中的应用研究.科技咨询导报,2007(10):154.

[54]胡太元.浅谈激励理论在图书馆管理中的应用.信息系统工程,2010(3):36—39.

[55]丁萍,杜存迁.基于双因素理论的高校图书馆员激励管理路径研究.新世纪图书馆,2009(3):52—54.

[56]殷占兵.职业倦怠:高校图书馆员的隐形杀手.图书与情报,2004(4):75.

[57]王东艳,宛福成.图书情报工作者职业倦怠的成因及对策.图书馆学研究,1997(4):40—41.

[58]姜瑞其.国外机构库发展概况.图书情报工作,2005(11):142—145,149.

[59]黄和通.台湾地区机构典藏的发展和启示.大学图书馆

学报,2010(6):53—61.

[60]郭少友.机构库建设的若干问题研究.中国图书馆学报,2006(161):77—80.

[61]李广建,黄永文,张丽.IR:现状、体系结构与发展趋势.情报学报,2006(2):236—241.

[62]常唯.机构知识库:数字科研时代一种新的学术交流与知识共享方式.图书馆杂志,2005(3):16—19.

[63]袁顺波,董文鸳.机构库的起源、影响及图书馆的应对策略.情报资料工作,2006(2):44—46,61.

[64]柯平,王颖洁.机构知识库的发展研究.图书馆论坛,2006(6):243—248.

[65]陈钦琳.学术交流与知识共享的新平台——机构知识库.现代情报,2006(9):150—151,156.

[66]高嵩,张智雄.机构仓储及其在数字图书馆服务中的应用模式研究.图书情报工作,2006(8):59—62.

[67]胡芳,钟永恒.机构库建设的版权问题研究.图书情报工作,2007(7):50—53.

[68]都平平.机构仓储的自存储和强制存储策略研究.图书馆杂志,2008(9):15—18.

[69]蔡迎春.分布式机构库的质量控制.图书情报工作,2008(7):44—47.

[70]刘华.国外机构知识库的长期保存研究及其启示.情报资料工作,2007(3):49—52.

[71]黄和通.台湾地区机构典藏的发展和启示.大学图书馆学报,2010(6):53—61.

[72]肖可以,龙朝阳.机构知识库建设及其法律问题研究.

图书馆学研究,2008(11):39—41,84.

[73]张晓林.机构知识库的政策、功能和支撑机制分析.图书情报工作,2008,52(1):23—27,19.

[74]何琳.我国发展机构知识库的必要性与可行性分析.现代情报,2008(2):38—40.

[75]肖可以.高校图书馆机构知识库建设存在的问题及其对策.情报资料工作,2010(6):90—93.

[76]张啸坤.机构库内容建设初探.图书馆学研究,2006(9):13—15,20.

[77]王颖洁.国外机构知识库运行模式分析.当代图书馆,2008(4):58—61.

[78]王文华.知识库发展的新模式——机构联盟知识库.情报科学,2008(3):373—376.

[79]马漫江.机构知识库:学术交流与资源共享新模式.高校图书馆工作,2007(1):10—13.

[80]李利,唐淑香.图书馆核心价值在学科馆员制度中的体现.内蒙古科技与经济,2010(16):155—156.

[81]刘以文."参考馆员"、"学科馆员"与"核心馆员"刍议.大学图书情报学刊,2006(2):76—78.

[82]罗红彬,祁卓麟,刘淑霞.基于学科馆员制的高校图书馆核心竞争力.现代情报,2007(4):136—138.

[83]吴君瑛.基于学科馆员制的高校图书馆核心竞争力构建.情报杂志,2005(6):129—131.

[84]李昊青,赵民志,王英.基于现代图书馆理念的高校图书馆学科馆员价值定位与制度建设.图书情报工作,2011(9):40—44.

[85]詹勋武.学科馆员构筑图书馆的核心竞争力.四川理工学院学报(社会科学版),2008(6):67—70.

[86]李军英.对高校图书馆引入学科馆员制度的探讨.情报杂志,2003(4):105—106.

[87]初景利,吴冬曼.论图书馆服务的泛在化——以用户为中心重构图书馆服务模式.图书馆建设,2008(4):62—65.

[88]初景利.试论新一代学科馆员的角色定位.图书馆理论与实践,2007(3):1—3.

[89]陈艺.融入教学科研应用之中的学科化服务.现代情报,2007(11):116—118.

[90]杨永生,初景利.国外对图书馆员能力与核心能力的研究评述.国外社会科学,2008(3):79—84.

[91]夏秋萍.高校图书馆学科知识服务现状分析和发展研究.现代情报,2010(1):93—95.

[92]王敏.谈学科馆员在学科建设中的作用.科技情报开发与经济,2010(1):28—29.

[93]谢倩虹.论学科化服务与高校图书馆核心竞争力.柳州师专学报,2007(4):106—108.

[94]李洪升.面向用户的高校图书馆学科化服务的思考.内蒙古财经学院学报(综合版),2010(2):27—31.

[95]王迎红.论学科馆员的设置及其培养.图书馆,2006(1):77—79.

[96]王晓红.高校图书馆学科馆员的管理与服务.图书馆学研究,2009(5):66—68.

[97]夏彦彦.高校图书馆学科馆员制度的建立和发展.农业图书情报学刊,2010(6):289—292.

[98]赵伯兴,盛兴军,郑春汛.我国低利用率文献的合作储存研究.情报理论与实践,2009(6):85—89.

[99]赵伯兴,郑春汛.我国低利用率文献的合作储存模型研究.图书馆,2009(2):40—43.

[100]李利方.网络环境下低利用率文献资源的合作储存模式研究.图书情报工作,2008(10):70—73.

[101]余侠.中国低利用率文献资源合作储存图书馆研究.农业图书情报学刊,2012(8):5—8.

[102]赵伯兴,郑春汛.低利用率文献储存库的经济性研究.大学图书馆学报,2010(4):40—44.

[103]邓浪."长尾理论"对提高高校图书馆资源利用率的启示.现代情报,2009(12):23—25.

[104]魏玮.二八定律和长尾理论对图书馆文献资源建设的指导意义.科技情报开发与经济,2011(4):15—18.

[105]任艳芳.基于长尾理论提高高校图书馆馆藏书刊利用率研究.科技情报开发与经济,2007(6):22—24.

[106]吴晓骏,陈健.是拥抱,不是颠覆.情报资料工作,2010(1):71—73.

[107]金旭东,李国庆,李海鹏.21世纪美国大学图书馆运作的理论.北京图书馆出版社,2007:265—268.

[108]徐恩元.论储存图书馆.四川图书馆学报,2006(1):15—19.

[109]蒋万民.储存图书馆研究.图书馆学研究,1991(4):9—12.

[110]冯艳娟.论建立各级储存馆之必要性.大学图书馆学报,1990(3):36—37,43.

[111]储存图书馆[EB/OL].[2011—02—20]. http://dict.youdao.com/wiki/%E8%B4%AE%E5%AD%98%E5%9B%BE%E4%B9%A6%E9%A6%86/#

[112]储存图书馆[EB/OL].[2011—01—10]. http://baike.baidu.com/view/4358711.htm#3

[113]倪代川,赵伯兴.低利用率文献资源合作储存的现实选择及其理论基础.情报资源工作,2009(5):47—50.

[114]介凤,詹华清,赵伯兴.美国储存图书馆体系发展过程研究及启示.图书情报工作,2011(1):89—92.

[115]Lizanne Payne. Library storage facilities and the future of print collections in North American. http://csul.net/storage/reports/oclc.pdf,2009—05—17.

[116]S. O'Connor,Collaborative strategies for low—use research materials. . Library Collections, Acquisitions and Technical Services. 2004,28(1):p. 51—57.

[117]Jilovsky,C.&Genoni,P. Changing Library Spaces: Finding a place for print. VALA2008 Conference: Libraries Changing Spaces, Virtual Places, Melbourne.[EB/OL].[2010—1—14].

[118]S. O'Connor,C. Jilovsky,Approaches to the storage of low use and last copy research materials.. Library Collections, Acquisitions, &Technical Services 2009(32):121—126. [119]Susan Logue, Association of Research Libraries. etc. Liaison Services. Washington, D. C.: Association of Research Libraries,2007:11—14.

[120]David Shumaker, Laura Ann Tyler. Embedded

Library Services: An Initial Inquiry into Practices for Their Development, Management, and Delivery. A Contributed Paper for the Special Libraries Association Annual Conference, Coloralo: Denver, 2009.

[121] John Shank, Nancy Dewald. Establishing our presence in courseware: adding library services to the virtual classroom. Information Technology and Libraries.

[122] 刘颖,黄传惠. 嵌入用户环境:图书馆学科服务新方向. 图书情报知识,2010(1):52—59.

[123] 李文文,陈雅. 图书馆嵌入式服务模式研究. 大学图书馆学报,2011(1):90—92.

[124] 何建芳. 关于图书馆学科化服务:"嵌入式馆员"服务模式的思考. 图书馆理论与实践,2011(10):21—24.

[125] 窦天芳等. 基于 Web2.0 理念的清华大学图书馆实践. 数字图书馆论坛,2008(4):13—18.

[126] 刘晓年. 情境学习理论应用探讨. 青海师范大学学报:哲学社会科学版,2008(3):145—147.

[127] 唐丽娟. 用户服务新模式——嵌入式馆员. 新世纪图书馆,2008(6):56—59.

[128] 李桂兰. 高校图书馆服务社会化若干问题探讨. 图书馆工作与研究,2006(4):82—84.

[129] 张金婷. 高校图书馆社会化服务问题之理性思考. 河南省科学技术协会. 第十届中国科协年会文化强省战略与科技支撑论坛文集. 郑州:河南省科学技术协会,2008.

[130] 李英,朱慧. 论高校图书馆社会化服务的可行性和障碍. 河南图书馆学刊,2008(1):61—63.

[131]帕提曼.高校图书馆向社会开放的障碍举要.图书与情报,2007(6):21—23,49.

[132]顾莲华.高校图书馆服务社会长效机制的探讨.情报杂志,2008(5):155—157.

[133]李东等.高校图书馆与地方合作发展的良性互动机制研究.农业图书情报学刊,2010(8):8—10,22.

[134]王元立等.数字环境下图书馆信息服务的动力机制研究.农业图书情报学刊,2010(1):210—214.

[135]马永刚.高校图书馆动力机制的构建及其优化.情报理论与实践,2002(6):429—431.

[136]谢丽娟,郑春厚.美国高校图书馆社会服务发展现状及启示.中国图书馆学报,2009(2):93—97.

[137]万文娟.中外高校图书馆信息服务社会化比较研究.图书馆学研究,2009(2):73—761.

[138]范兴坤.事业单位体制内的图书馆政策创新研究.图书馆杂志,2010(2):16—211.

[139]胥洁.浅谈高校图书馆馆长的素质与修养.科技情报开发与经济,2010(16):83—84.

[140]朱改英.如何当好新时期高校图书馆馆长.河北工程技术职业学院学报,2002(4):61—62.

[141]周敬治.山东省高校图书馆馆长队伍现状分析与对策.中国图书馆学报,2009(35):123—124.

[142]管理的素质与能力[DB/OL].[2012—4—8]http://www.doc88.com/p—009803174740.html.

[143]都峰.试论高校图书馆长的人选.图书馆学研究,1986(3):78—79.

[144]傅晓.对大学图书馆馆长的思考.农业图书情报学刊,2000(5):4749.

[145]周欣.关于改革图书馆馆长制的理性思考.图书馆界,2004(2):11—13.

[146]张峰.大学图书馆馆长研究.合肥:合肥工业大学出版社,2007.

[147]单行.高校图书馆管理.开封:河南大学出版社,1994:100—101.

[148] Kotler P. Levy S. Broadening the Concept of Marketing. JournalofMarketing,1969(1):15—33.

[149]Briscoe W A. Library Advertising [M]. NewYork:H. H. Wilson,1921.

[150]Norman 0 G. Marketing Libraries and Information Services:An Annotated Guide to the Literature[J]. Reference Services Review,1982(1):69—80.

[151]吴建中.现代图书馆管理的热门话题(下).图书馆杂志,2004(9):18—23.

[152]胡昌平,胡吉明.网络服务环境下用户关系演化规律研究.中国图书馆学报,2011(2):4—10.

[153]徐双.图书馆营销创新问题及其路径分析.图书馆工作与研究,2012(4):52—55.

[154]江若尘.市场营销学.北京:中国科学技术出版社,2003.

[155]周晓英.论图书馆的市场经营.中国图书馆学报,2003(1):27—29.

[156]范忠,韩广明等.市场营销学.西安:西北大学出版

社,2003.

[157]赵欧荣.论高校图书馆的服务营销及策略.产业与科技论坛,2009(5):206—207.

[158]菲利普·科特勒.市场营销管理——分析、规划、执行和控制(上册).北京:科学技术文献出版社,1993.

[159]刘昆雄,胡昌平.论图书馆信息营销的管理学特性.图书情报工作,2007(1):64—67.

[160]曾尔雷.美利坚大学图书馆营销活动及其启示.情报理论与实践,2008(1):158—160.

[161]郑文晖.基于SWOT分析的高校图书馆企业信息服务营销策略研究.情报杂志,2009(11):193—197.

[162]冯湘君.基于用户信息行为的图书馆体验营销策略探析.图书馆工作与研究,2009(12):3—6.

[163]傅新云.服务营销学.广州:广东经济出版社,2002.

[164]曹丽娜.刍议图书馆的营销策略.现代情报,2004(10):43—44.

[165]周慧芳.图书馆信息产品的市场营销.图书情报知识,2003(6):39—40.

[166]柯平.图书馆服务理论探讨.大学图书馆学报,2006(1):38—44.

[167]田英萍.论图书馆信息服务的市场营销.图书馆学研究,2006(2):75—77.

[168]童琴.谈高校图书馆信息服务的市场营销策略.情报探索,2001(1):14—15.

[169]朱秀珍,陈新添,章永革.网络环境下高校图书馆的营销策略.现代情报,2007(7):24—29.

[170]高屹.透过会员制服务看图书馆信息营销.图书馆工作与研究,2005(4):10—12.

[171]张莹.论图书馆的战略营销规划.图书馆工作,2007(4):11—15.

[172]武东升,贾雅军.关于市场营销的新理念:4R理论理解和应用的探讨.生产力研究,2004(9):189—191.

[173]廖祖煌.信息营销:图书馆可持续发展的必然选择.武汉教育学院学报,2001(5):107—109.

[174]段宗志,叶剑鸣.浅论网络环境下的市场营销.经济问题,2005(12):31—32.

[175]蒋丽静.浅析网络环境下图书馆信息服务中知识产权保护问题.图书馆论坛,2005(1):164—166.

[176]贺德方.我国数字化信息资源知识产权保护问题研究.中国软科学,2006(5):89—95.

[177]曾星媛.高校图书馆数字信息资源系统的安全及解决策略.科技资讯,2007(3):90—94.

[178]佘维.图书馆数字化建设中的知识产权保护研究.中南大学硕士学位论文,2009:7—15.

[179]曾彩凤,张文德.数字图书馆的版权合理使用与利益平衡研究.情报探索,2009(2):46—48.

[180]周淑云.从法学家与数字图书馆版权之诉看我国数字图书产业的版权授权.情报资料工作,2006(2):66—68.

[181]樊志伟等.知识产权保护对图书馆的影响.情报资料工作,2006(1):82—85.

[182]施高翔.因特网上著作权保护的若干问题.厦门大学学报(社科版),2000(3):37—39.

[183]阮延生.版权保护与数字图书馆的合理使用.福建师范大学学报,2003(2):136—140.

[184]梁卫华.法定许可制度解决数字图书馆版权问题的思考.情报杂志,2003(2):26—28.

[185]童天乐.论图书馆数字资源服务的知识产权侵权风险.现代情报,2009(8):93—95.

[186]王小会.数字图书馆与版权保护.北京:国家图书馆出版社,2008.

[187]陈传夫,饶艳,林嘉等.信息采集与交换知识产权风险与对策.图书馆建设,2003(6):31—36.

[188]冉从敬.规避数字图书馆知识产权风险的策略分析.国家图书馆学刊,2009(2):33—35.